明治の人

明治・大正・昭和・平成・
四つの時代を生きた人達から学ぶ
人生を上手く生きるコツ

林さゆり

Parade Books

目次

6 来間隆平さん

「自分の信念をずっと
通してきたから、
いつ死んでも
幸せだと思っています」

P.048

7 芦田ふいさん

「人と言い合いしたとか、
人の悪いこと言ったとか、
覚えんなあ」

P.058

8 熱田政子さん

「人と人が
真心でふれあえば
そこには必ず平和がある」

P.064

9 馬杉次郎さん

「私はなにくそ精神で
やってきました。
100歳になれば
有終の美を飾るべしです」

P.072

10 田中千代さん

「老人にはお金も何も
要りません。ただひとつ
かぞくの愛情だけが
必要でございます」

P.080

11 高木辰三さん

「日本がどんな状態で
自分は何ができるのかを
考えて行動するほうがいい」

P.088

12 大蜘蛛ヨシさん

「じぶんが悪いこと
思ってへんかったら
わるいもんは来ないの」

P.096

13 橋本宗一さん

「世の中は何と言うたって
実行ひとつだ。
実行がなけりゃいかん」

P.104

14 久野富美子さん

「やりたいと思ったら
何も考えないで、
走って走ってから
最善を尽くしてきました」

P.112

15 小田中ツノさん

「みなさん
良いひとばかりだもの。
101歳の今が自由で
いちばんいいところです」

P.120

16 橋本武さん

「私の信条は
『高く、広く、明るく』です。
目標は高く、視野は広く、
生活は明るく暮らすことです」

P.126

17 柴田まつゑさん

「辛かったこと悲しいことは
言わないの。
言ってもしょうがないもの」

P.138

24 佐々木フチさん

「たとえ1cmでも
人の喜ぶことをしてから
シャバにおさらばしたい」

P.196

25 古川欽一さん

「戦争の悲壮さは
戦地に行った人じゃないと
わかりませんわ」
※4度の戦争体験

P.204

26 三ッ村タツエさん

「すべてはご先祖さんのおかげ
今はもう感謝だけで
生きています」

P.212

27 上坂ひなさん

「うちは百歳すぎても、
ええもん作りたいなぁと
研究する。欲があるうちは、
楽しいんとちがうんやろか」

P.218

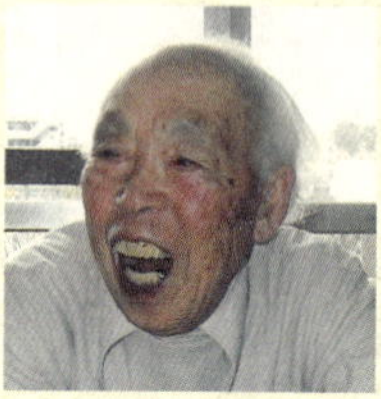

28 柳生亮三さん

「好きなことを
やっとるだけです。
くよくよせんと
希望をもつといいね」

P.226

29 村上きんさん

「家族がいて
自宅でこうして毎日
子供たちが来てくれるのが
一番嬉しいです」

P.236

30
谷野ヨシエさん

「まだ生きさせて
もらってますねん。
こうして生きてるのは
皆さまのおかげ」

P.244

31
松原泰道さん

「自らを光とし、
自らをよりどころにする」

P.252

橋本武氏とインタビュー中の著者

はじめに

明治四十年生まれ、滋賀の田舎で暮らしていた私の祖母。私は超おばあちゃん子でした。祖母のような「明治生まれの人」の言葉をもっと聞きたい。また、「有名人でも著名人でもない、ただの田舎のおじいちゃん、おばあちゃんの人生にこそ、スポットライトを当ててみたい」と、思い立ったが吉日。一人で早速、明治生まれの人を探し当てては話を聞きに行く日々が始まりました。

この活動は話題を呼び、産経新聞、朝日放送、朝日新聞などメディアでも紹介されました。長い月日をかけ、三十一人の明治生まれの人達からお話をお伺いしてみて、改めて「貧しい時代になぜ、豊かな心が育ったのか」を理解できたような気がしました。

読み終えたときに心がほっこり温かく、元気の素になる、そんな言葉が本書には詰まっています。

「何があっても笑ってればいいの」「一回死んだと思えば怖いものはない」

明治生まれの人は、物心ついた子ども時代に第一次世界大戦を経験し、関東大震災、二十代で満州事変、日中戦争、そして親世代になって第二次世界大戦を経験しています。戦後は、高度成長期にバブル時代、平成のバブル崩壊と不況、そして先の東日本大震災……。

そんな激動の四時代を生き抜いた明治の人三十一人の人生には、「今の時代」をラクに生きるヒントがちりばめられています。決して押し付けがましくなく語られるその口調から、それぞれに感じ取ってもらえれば幸いです。

どんな自己啓発本よりも説得力ある言葉だと思います。

明治生まれの方は全員、二〇一九年の五つ目の年号に変わる年に最年少でも百七歳になります。明治、大正、昭和、平成、そして新たな年号の時代に「明治生まれの人」は確実に過去になります。

過去になる前に出版したいという想いがあり、今回クラウドファンディングにて出版の機会をいただきました。

高齢化社会の波が押し寄せ、人生百年時代の到来と言われている今の時代に、読んだ方が人ごとでなく、「長生きも悪くない」と思ってもらえると嬉しいです。

1

林たねさん

明治四十年二月十二日生まれ

滋賀県出身

ありがたい
もったいない
人様のため
自分を下に
親を大事に

《学び》

◆ありがたい、もったいない、人様のため、自分を下に、親を大事に……＝感謝・倹約・利他・謙虚・親孝行。
◆「怒り・恨み・憎しみ・悪口」などは、人の心の埃《ほこり》やで。
◆人の人生はたかだか百年足らず、肉体があるうちはその身体は人さまのためだけに使わせてもらったらそれで良い。
◆泥棒さんが入ったら「米を与えてあげなさい」。
◆人の良いところだけを見たらそれだけで良い。
◆相手が悪くても、その相手が根負けするくらい「阿呆になりきれ」。

「明治の人」、第一回目のみ、この活動のきっかけである祖母の思い出話をさせてください。二回目以降は全員、直接取材をさせていただきました。

私の祖母は明治四十年生まれですが、昭和五十六年に他界しました。

口癖は「ありがたい」「もったいない」「人様のために」「自分を下に」「親を大切に」……。

これらを言い換えると、「感謝」「倹約」「利他」「謙虚」「親孝行」になります。

また、「怒り・恨み・憎しみ・悪口」などは、人の心の埃《ほこり》やで。……そんな言葉が口癖でした。

「アメニモマケズ」のような人

私のおばあちゃんは一言でいうと「神様みたいな人」でした。また、宮沢賢治さんの、「アメニモマケズ」の有名な詩に出てくる人、正にそのような人だったと記憶しています。

私が祖母と共に暮らした十七年間、一度もおばあちゃんの口から人の悪いことを聞いたことがありませんでしたし、怒る姿も見たことがありませんでした。とにかくいつも優しい人でした。今に思えばその姿こそが、人として一番、素晴らしいことのように思います。

おばあちゃん子のきっかけ……

私が超おばあちゃん子になったそのきっかけは、二歳くらいの頃に麻疹《はしか》になり、二歳ずつ歳の離れた兄と弟に移らないようにと、離れの隠居でおばあちゃんと寝起きを共にするようになったことです。今にして思うと、それが私の人生にとっての「宝物」になりました。

朝は早起きして裏の畑に出て行って神様へお供物の野菜や果物を採ってきました。そして神棚にお供えし手を合わせ、一日の無事を祈り、夕方もまたお参りして、今度は神様に一日の無事のお礼を言うのが日課でした。神様に手を合わせるときは御礼のみ、望みは言わなくても良い……とも教えてもらいました。今でもずっと私が早寝早起きと朝晩神棚にお供え物をして手を合わせる習慣を欠かさない所以です。

傍にいて背中で教えてもらった大切なこと

また、泥棒さんが入ったら「米を与えてあげなさい」「罪を憎んで人を憎まず」という考え方も教わりました。悪いことがあっても、相手を悪く思わないでそうならざるを得ないことを深く思い遣る。例えば相手が悪くても、その相手が根負けするくらい「阿呆になれ」と。すると、相手は気持ち悪がられて逃げていかれるからと。

人は騙すより騙された方が良い。裏切るより裏切られたほうが良い。人の善いところだけを見たら良い。悪いところは見なくても良い。人は皆善い人。世の中に悪い人はいないよ。善い人であることが一番大事。人の人生は、たかだか百年足らず、肉体があるうちはその身体は人さまのためだけに使わせてもらったらそれだけで良い。そう教えてくれました。「人として本当に大切なこと」を、私はきっとおばあちゃんの傍にいるだけで沢山教えてもらっていた気がします。

そして私のことをいつも「お前がいてくれやこそや」と必要としてくれました。

私はそれが何より嬉しかった。とっても優しい、世界で一番大好きな人でした。おばあちゃん、いつも天国から私のことを見守っていてくれてありがとう。

これからも応援していてね。

2 吉行あぐりさん

明治四十年七月十日生まれ

岡山県出身 東京都 美容家
（取材日不明。平成 27 年 1 月 5 日没・享年 107 歳）

せのなか
進みましたが
良くなったんだか
わるくなったんだか
ねえ

《学び》

◆15歳で結婚して、私に青春時代なんてないわけよね。当時は生きるのに一生懸命。
◆「周りの言うこと、私って何にも気にならないの」と笑います。
◆「お客さんの最年長は100歳。こんな美容室、世界にないと思いますよ」
◆私の母も子供を比べるようなことは何も言いませんでした。
◆「親が何もしなくても子供は変わる」変わるのよね、人は。
◆日本がいつまであるのかなあ、というような気がいたします。
◆世の中が便利になりすぎたってことは、いいのか悪いのか。

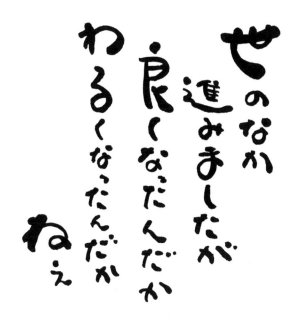

ＮＨＫ朝の連続テレビ小説「あぐり」でその人生がドラマ化され、一躍時の人となった吉行あぐりさん。「九十六歳にして現役美容師のスーパーマザー」としても注目されました。仕事を続ける一方で、家庭では昭和初期の新興芸術派を代表する作家・詩人の故吉行エイスケ（栄助）さんの妻、また、作家の故吉行淳之介さん、女優の吉行和子さん、芥川賞を受賞した詩人で作家の吉行理恵さんの三人を育て上げた母でもあります。

十五歳で作家の吉行ェイスケ氏と結婚

吉行あぐりさんは、明治四十年に岡山の弁護士一家に生まれ、裕福な家庭で何不自由なく育ちました。ところが女学生のとき、人生は一転します。当時流行ったスペイン風邪で父親と姉を亡くし、一家は路頭に迷ってしまったのです。

「父が死にますと、急に一銭もないわけよね。それが、私の母って見栄っぱりだったんでしょう、派手にやっていたのができなくなったので、家を売ってかなりのお金を得たんです。けれど、お金が入ると今も同じですよね、事業を興すとかいろいろな人が現れて。それで、すっかり一文無しになってしまいました」

母親は悲壮な顔を見せることはなかったものの、一家の実情は大変なものでした。「結婚は『学校へ行かせてあげるから』と騙されましてね。吉行の家とうちとは、亡くなった姉と吉行の母の甥との間に縁談がございまして、私の家のこともよく知っていたんです。それで母は、私をそこの不良息子（作家の吉行エイスケ氏）といっしょにさせれば、と思ったんでしょうね。私は学校に行かせてもらえると思って行きました（笑）」

十五歳での結婚は、当時でも早く世間の噂になったそう。「ですから、今になって思うと私に青春時代なんてないわけよね。当時は生きるのに一生懸命でしたから、そんなことは思ったこともなかったですが。戦争もございましたでしょう？　九十くらいになりまして、私には青春がなかったなあ、なんてね（笑）」

「美容師」という言葉なき時代に、吉行あぐり美容室を開店

あぐりさんは、「アメリカ帰りの洋髪美容師」山野千枝子さんの内弟子を経て、二十九年、

東京市ヶ谷に美容室を開店しました。現在（取材当時）も同じ場所で仕事を続けています。

「当時は女性が働くことはほとんどなかったです。美容師という言葉もね。私の先生の山野千枝子さんがアメリカからお帰りになって、それからできたものですから。吉行の義父に『女髪結いになるのか』とたいそう怒られて。そんな時代ですよ。何しろ『女髪結い』ですからね。あの頃は、和子がやっております俳優のことも『河原乞食』、淳之介の職業（作家）なら『三文文士』。三文の値打ちっきゃないってわけよ。義父が生きていたら怒っただろうと思いますね」

当時の「吉行あぐり美容室」は、三階

吉行あぐり美容室（昭和4年開業 当時は山の手美容院）

建てのモダンな建物でした。「当時は、髪結い床というとガラガラと玄関を開けて入るような普通のお宅。そこへ三階建ての美容院建てたんだから、ずいぶん馬鹿にされました。場所も、坂の下で商売するのは駄目なんだそうです。私、そんなこと知らなかったので『一番流行らない場所だ』と言われたり」。「でも、周りの言うこと、私って何にも気にならないの」と笑います。

美容院の内装は今でも昔のまま。現在は常連だけの「会員制」ですが、昔ながらの馴染みのお客さんが足を運びます。「お客さんの最年長は百歳。昭和六年から来てくださってるんです。こんな美容室、世界にないと思いますよ。ほかにも、週に一回必ず来られる方がいらっしゃって、今日はその方のためにお店を開けております。今朝来られた方は、戦争前からのお客さまです。戦争中、私は疎開しておりましたのでしばらく途絶えておりましたが、戦争が終わって戻ってきますとね、その方がどうしても私にとおっしゃるの。私がカットしてパーマネントをかけると後で形が崩れないで綺麗にまとまっているので楽だ、とおっしゃるんです。なんでかなあって。ずっと考えてね。それがね、私、髪だけでなく、その方のお顔を見てカットしたり、御髪《おぐし》を上げたりしますから、だからかなあと、やっと今日、気がついたんです。本当に今、気がついたの、さっき（笑）！」

干渉しない、比べない　母譲りの子育て

あぐりさんは、キャリアウーマンでありながら、三人の子供を立派に育て上げた母でもありました。

「あの子たちは、育てられたとは思っていないみたいですよ。何もしてもらえなかったと言ってます。今の母様はみんな大学を出て、ご自分がご立派すぎて、かえってお子様に干渉なさりすぎるんじゃないんでしょうか。といいますのも、私の両親といいますのは、勉強しろとか一言も言わなかったんです。私の妹は勉強が好きでしてね、県立高等女学校始まって以来の秀才と言われておりましたが、私、そのことを全然、知らなかったんです。母も比べるようなことは何も言いませんでしたから。そういう家に育ちましたので、子供たちにも勉強しろとかは言った覚えがないんです。あんまり何も言われないから、『やっぱり自分でやらなきゃいけない』と思っちゃったんでしょうね（笑）。今の東京のお子さまがた、塾に引っ張っていかれて、かわいそうに思います。小さいとき、野原で遊んだり花を摘んだりとか、そういう思い出が何もおありにならないだろうと思うのね」

「親が何もしなくても子供は変わる」とあぐりさん。「淳之介はね、麻布中学（旧制）から静岡の高等学校（旧制）を受験いたしました。一高（現在の東大教養学部）に入るようなレ

ベルじゃなかったんですよ。何しろ、『少年時代』なんて子供が読むような雑誌を、中学を出るまで読んでいたような子でね。文学的な雰囲気はなかったんです。静高に参りましてから、まわりの方たちに刺激されまして、ああいう風になっていったんです。ですから、私のせい（教育）ではございません（笑）。和子は三つのときから喘息持ちで、学校にもほとんど行けず、この先どうなるのかなと。どうやって食べていくかなと思いましてね。でも、お人形さんの着物を作ったり編み物をしたり、ものすごく手先が器用だったんものですから、小さな小間物屋さんみたいなのを作ってあげて、そこでものを一生懸命作って、売ったりしたら食べられるかなあと思ったりしたんですよ。一番下の理恵は、金時さんみたいにまん丸く太っていまして、一日外に出て遊んでいました。よくうちにそのへんの子供を集めましてね。戦後のもののない時代でお菓子がないので、家にあった大きなビオフェルミンという薬が甘いのね。それを持ち出して、配ったりしていましたね（笑）。人間なんてどうなるかわかりませんよ。今では、あの和子がいつもどこにいるかわからないくらい、しょっちゅう外国に行っていて、あの理恵は一日、家に閉じ隠って物を書いているんですから。変わるのよねえ、人は」

便利になりすぎたってことは、良いのか悪いのか

「めまぐるしく進歩する世の中で、若い人がちゃんと順応していくのには感心します。私なんて何しろ、ろうそくの時代からですから（笑）」とあぐりさん。

一方で、「日本はどうなるかって心配しています。日本がいつまであるのかなあ、というような気がいたします。明治という時代は、私は五年くらいしか生きていませんからわかりませんけれど、もっとしっかりした方がたくさんいらしたんじゃないかしら。世の中があまり便利じゃなかったから、自分で工夫したり、考えてやらなきゃいけなかったからなんでしょうね。便利になりすぎたってことは、良いのか悪いのか」。古くなった着物をほどいてまた縫い直す。ほどくときには、糸をできるだけ長く、後で使えるように気をつけて。その糸をまた雑巾を縫うのに使う。「絶対に無駄をしない」よう工夫を凝らす暮らし。「今のように豊かでない時代、そうせざるを得なかったんでしょうけれど、不便も懐かしいわね」

十五歳で結婚、夫との死別、負債、戦争、女手一つで働きながらの三人の子育て……さまざまな困難を乗り越えながら、自身の苦労については「大変でしたから」「そんな時代でしたから」とさらりと言ってのけ、「周囲が自分をどう言っているかなんて、なんにも気づか

ないの」とあっけらかんと笑うあぐりさん。働く女性の先駆けとして、母として、そのユーモアいっぱいの強さは、現代の女性にとっても大いに参考になりそうです。

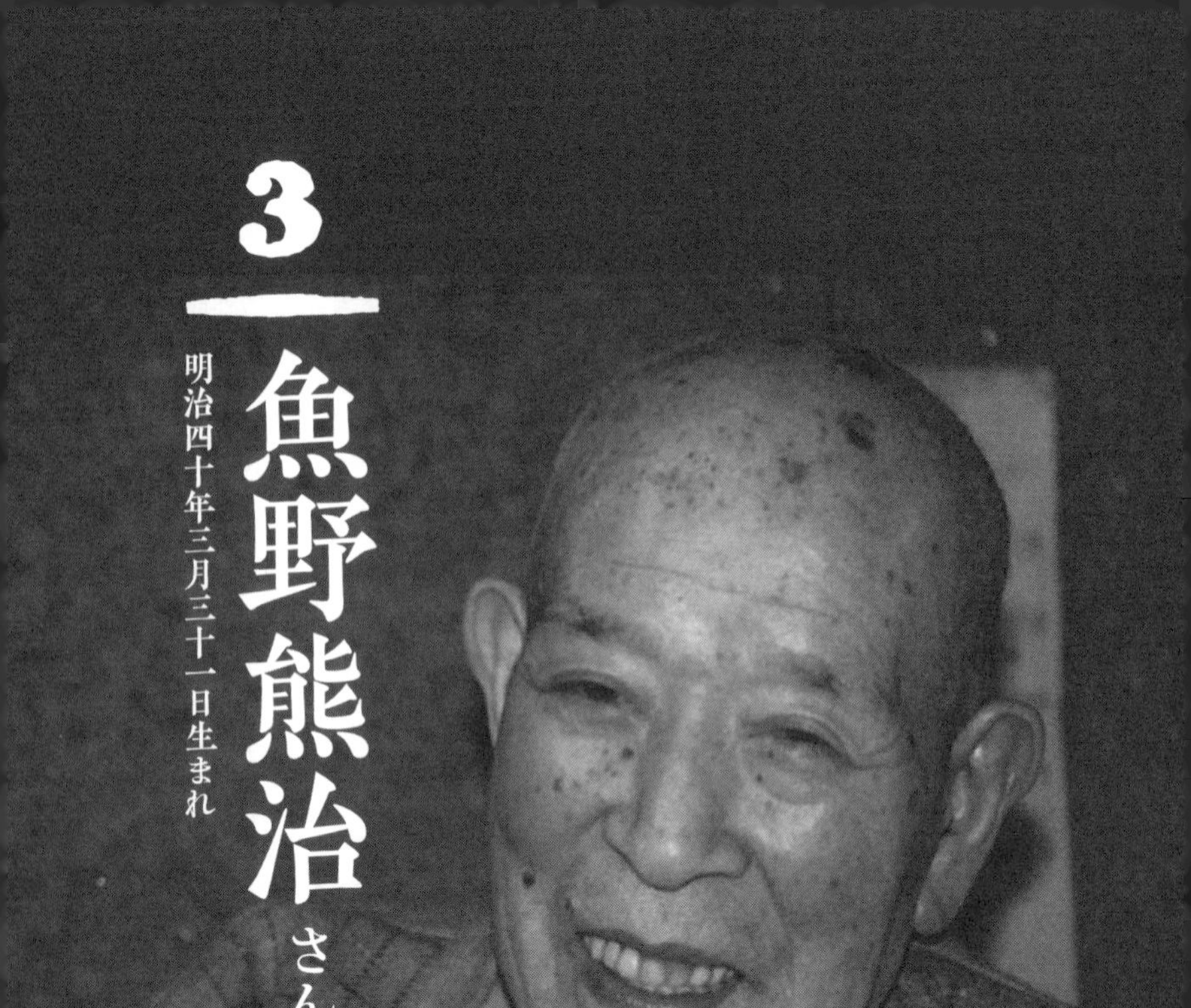

3

魚野熊治さん

明治四十年三月三十一日生まれ

大阪府大阪市中央区（取材日不明）

料理人はよう金持たん

《学び》

◆料理人として62年、粋な人生の過ごし方。

◆焼け野原から大阪で初めてのふぐ料理の店、高級料理店を営んだ。

◆宵越しの金は持たない主義、「飲む打つ買う」の打つ以外はお盛ん。

◆空襲警報が鳴り、隣の家が燃え落ちて、うちまで燃え移ってきた。バケツの水なんかじゃらちがあかず、『ほっといたれ！』と自宅が焼け落ちるのを見ながら、末期の酒だと思ったが死ななかった。

◆趣味にとことんのめりこむ性格。

男ばかり九人兄弟の八番目として、大阪・堺で生まれた魚野熊治さん。今年の八月に腰を痛めてからは車椅子の生活になりましたが、好きな浪曲や長唄、民謡などを聴きながら、穏やかに日々を過ごしていらっしゃいます。十二歳から料理の道へ。料理人としての六十二年の人生を語ってもらいました。

十二歳から料理屋の見習いに

熊治さんは、小学校を卒業してすぐに三番目の兄が運営していた料理屋を手伝い始めます。

「朝早く魚を仕入れて、昼間に玉出、岸和田、新開地、天下茶屋などに行商に行った。夕方からは店に戻って兄の手伝い。行商で魚が売れ残ると、兄に叱られるのが怖くて、十七歳ぐらいのときに初めて家を飛び出した。二十歳くらいになるとしょっちゅうね。料理人としてのいっぱしの腕はあるから簡単にほかの店に奉公に入れるわけだ。でも、近所の目にも勝手が悪いからとなだめられて連れ戻されて。またすぐに飛び出したけどね」

一番上の兄は漁師、二番目は軍事工場の鉄工所、三番目は熊治さんと一緒にしていた料理屋、四番目はやすり研ぎの鍛治屋、五番目は銀行を辞めて理髪店、六番目は魚の行商、七番目は軍事工場、八番目が熊治さんで、九番目が散髪屋と、九人の兄弟はそれぞれの道を歩みました。

「結婚は三、四回」の色男

熊治さんは二十四歳のときに恋愛結婚。実はその後も結婚は三～四回しています。子供は、一度目の結婚で二人授かりましたが、長女は十五歳で、長男も一昨年に六十二歳で亡くなりました。

「今の妻は、自分が三人目と思っているようだけど、知らんだけや」

二十七歳のときに戦争が始まりました。戦時中、食べることに不自由していた多くの人々は、着物と米を交換したり、列車に乗って遠くまで米を買いに行ったり。しかし、食べものを扱う商売をしていた熊治さんは、「食うに困ることはなかった」と当時を振り返ります。

「三十二歳くらいで警報団に入り、警備の副部長をやった。毒ガスを撒かれたり焼夷弾を落とされると、町内の高台から町内会すべてにその位置や情報を知らせたよ」。そんな折、九番目の弟だけが戦争に召集されることに。他の兄弟たちが招集を免れたのは、軍事工場で働いていたり、仕事以外で警報団などに入りすでに戦争に携わっていたからだそうです。

「三十七歳のときには、私の自宅も丸焼けになってしまった。そのときのことははっきり憶えているよ。店をしている業者には配給があって、その日は酒や米が手に入ってね。みんなでいい気分で飲んでいた。夜中の二時ごろだったろうか、突然、空襲警報が鳴った。家の主人だから逃げるわけにはいかなくて、みんなを避難させて自分一人だけ残った。『助かったか?』と思ったら隣の家が燃え落ちて、うちにまで燃え移ってきた。バケツの水なんかじゃらちがあかず、『ほっといたれ!』と自宅が焼け落ちるのを見ていたよ。あれは末期の酒だったのかと思ったが死ななかった。一つ間違ったら確実に死んでいた」

焼け野原から「ふぐ料理の店」として再起

熊治さんが三十八歳のとき、戦争は終わりました。しかし、周囲一帯は焼け野原で商売をしようにも材料はなく、客も来ない状態。そこで、熊治さんは知恵を絞って「店頭販売」の免許を取り、売れるものを探して売り始めました。

しばらくして何とか店を改装。当時の大阪では初めて「ふぐ料理の店」を西成に開店しました。「十二歳から板前一筋だったから、他には何も考えられなかった。神戸にはふぐを扱う店はあったが、大阪では初めて。料理屋としても、飲み屋としてもよく流行ったよ」

十三年間西成で商売をしたあと、熊治さんは現在の住まいでもある心斎橋に支店「松月」を開店。店は高級料理屋で、企業の重役たちや歌舞伎役者たちが長年贔屓にしてくれたといいます。芸人では西川きよしさんがよく家族で来店されたとか。「歌舞伎の世界に来ないかとよく誘われたよ。当時は私も『高田浩吉』『長谷川一男』『片岡弐左右衛門』なんかに似ていると言われてね」

店が繁盛した華やかな時代においても、熊治さんは「飲む、打つ、買う」のうち「打つ（賭事）」だけはしなかったそう。宵越《よいご》しの金は持たない主義。稼《かせ》いだ金は、ほぼ豪快に使い切ってきた。「料理人はよう金持たん」

終戦後から営んできた店も不景気の煽りを受け、主要客が来なくなるのと同時に店をたたむことに。昭和五十八年、熊治さんが七十六歳のときです。十二歳で料理の世界に入ってから、実に六十二年の歳月が経っていました。

「『老舗』『昔ながらの料理屋』と言われる店は、見事なぐらいこの周辺（心斎橋界隈）から姿を消した。現在ではもう一軒も残っていないだろうね」

多趣味でのめり込む性格

熊治さんは多趣味で、十年ごとにその内容をガラッと変えるほど。妻も驚くほどとことんのめり込む性格なのだそう。

「四十歳からは熱帯魚。当時で一匹数千円するのを山のように買ってきては飼育した。その次はカメラ。自宅の中に暗室を作ってしまうほど夢中になった。次は盆栽。特にサツキとサボテンに凝って、家の屋上に建てた温室を好きな盆栽でいっぱいにしたり、店の玄関や店内にも飾っていたね」

七十六歳で仕事を引退してからは、大きな趣味は卒業して、浪曲や長唄、民謡などをよく楽しむそう。「妻はジャズが好きで、全然趣味が合わん」と熊治さん。

「こんな年まで生きるとは思わなかった。今はもう楽しみなんてない、死ぬのが楽しみや（笑）」

4 谷口しかさん

明治四十一年一月二十日生まれ

滋賀県湖南市岩根（取材日不明）

耳はありがたいもの
目はうれしいもの

《学び》

◆「耳はありがたいもの。目はうれしいもの」
◆「耳は聞こえなかったら聞かなかったらいい」
◆悪いことは何一つ言わはらへん。
◆「おかげさん」「ありがたい」が口癖。
◆身なりを整えてから朝昼晩と、大きな声でお経と祝詞を唱えるのが日課。

谷口しかさんの家族は、ご本人、七十四歳の息子さんとそのお嫁さん、お孫さんとそのお嫁さん、高校生、中学生、幼稚園になる三人のひ孫の総勢八人。実に四世代が同居する大家族です。その暮らしぶりは幸せに溢れていました。

小学校卒業後、裁縫を学ぶ学校へ

しかさんは、滋賀県の岩根村（現・湖南市）に六人兄弟の五番目として生まれました。小学校を卒業したら働く人が多かったという当時、高等二年生と補習学校という裁縫を習う学校に三年間通いました。

裁縫は今でも得意で、つい一年前まで料理屋を営むお孫さんの店の約百枚の客用座布団を、全部修繕してあげていたそう。「洗濯したカバーにアイロンを当てて、たばこの跡を繕い、中の綿を全部天日に干してから座布団飾りをつけるの。未だに孫は『また座布団汚れたからやっといてや』と、どっさり持ってきたりしますよ（笑）」

厳しくも温かい姑に仕えた五十年

裁縫の学校を卒業し、二十歳で同じ名字の谷口家に嫁ぎました。すぐに長男が生まれ、その後次男も授かります。

「結婚してからは、ひたすら気張って百姓をさせてもらいました。たいしたことはしませんでしたが、ただひたすら『つづれ』ばかりしていましたね。『つづれ』とは、洋服などの繕いのことで、当時はみんな『つづれ』ばかり着ていたから恥ずかしくありません。『つづれ』の方が値打ちがあったぐらいや」

しかさんのお姑さんである、おひでさんは厳しくも賢い人だったそう。「何をするにも了解が必要でね。おみそ使うならその量を相談。お漬物を漬けるにも相談。何一つ勝手にすることは許されなかった」

そんなおひでさんも、「わしとおしかは、五十年間一度もケンカしたことがない」と自慢げに話していたそう。

裏を返せば五十年間、姑に一度も口ごたえせずに仕えてきたということ。

おひでさんは男勝りのおばあさんやった。あんばい仕込んでもろてありがたいこっちゃった。とすべてを感謝して受け取ってこられたしかさん。

傍にいたしかさんのお嫁さん、「でも人間、ときには『すやけどな……』と言えるときもあるやろ。すやけど、が一切ない人。すごいおばあさんやと思うわ」と。

おなかから声を出し、よく食べるのが元気の源

しかさんの日課は、毎朝目が覚めたら布団に入ったままで好きな歴史や昔話の本を読むこと。そして起きる頃にはきちんと髪をとかし、身なりを整えてからお経と祝詞を唱えるのだそう。

「これは、朝、昼、夜の日課ね。お仏壇に向かってお経、隣に祭ってあるお稲荷さんには祝詞を暗記して、大きな声で唱える。おなかから声を出すのが、長生きの秘訣やないかな」

食欲も旺盛で、若い人よりたくさん食べるくらい。「茶碗たっぷりのごはんを二杯と、野菜類や軟らかいものはよく食べます。それから毎日必ず一品は、炊いたものをいただくの」。

今でも新聞は隅から隅まで読みます。「テレビ欄はしっかりチェックして、好きなテレビ番組は欠かさず観るの。家族からは『テレビと新聞の達人』と言われるくらい」。ひ孫さんたちともテレビの話題が一番合うそうで、嬉しそうに話してくれました。

家族に愛され、悲しいことや辛いことはない

「耳は聞こえなかったら聞かなかったらいい」としかさん。しかし、耳は遠くても中学生のひ孫さんの話すことだけは不思議と聞こえると言います。

「私のことをすごく大事にしてくれてね。履物を履きやすいようにそろえてくれたり、食事の最中にみんなが何で笑ったのかわからなくて聞いたら、紙に書いて教えてくれるの」。「耳はありがたいもの、目はうれしいもの」と、しかさん。

しかさんが幾度も口にしていたのが、「おかげさん」「ありがたい」という言葉。「今まで生きてきてうれしかったのは、息子に嫁さんがきてくれて、子ができて孫にも嫁さんきてくれて子ができて家が続いていること。悲しいことや辛いことは別にないの」

「本当に悪いことは何一つ言わはらへんやろ。私はこんなおばあさんになれるやろかと思います。人に言えない苦労もしてきてはるはずやし、愚痴の一つも言えそうなものやけどな」。しかさんの息子さんのお嫁さんも、しかさんを愛おしそうに見守りながらそう語ってくださいました。


追記……私はこのしかさんの取材を終えた帰り道、なぜか不思議と涙が溢れてきました。きっとそれは「今、私達と同じ時代に生きてくださりありがとうございます」という感謝が溢れた涙でした。

5
中野トシエさん
明治四十四年十一月十五日生まれ
岩手県北上市（取材日不明）

どんなに辛いことも
苦だと思わねで
生きてるの
何があっても
笑ってれば
いいの

《 学 び 》

◆今は、洗濯物たたみしてるときがいちばん楽しい。少しでも役に立ちたくて。働かねと体あんべ悪くなるもんや。これからも体動く限り、働くよ。

◆辛いことも大変なことも、苦だと思わねで生きてるの。何があっても、笑ってればいいの。

◆今までの人生で、楽しかったことはなんぼもあったの。辛かったこともなんぼもあったの。んでも、なにあっても、大変だと思わない。ばかだがら。

生まれも育ちも岩手県の中野トシエさん。東北訛りの話し言葉は、トシエさんの素朴であたたかなお人柄と相まって、耳に優しく心地よく響きます。その独特の魅力を消してしまうのはもったいなくて、できるだけそのままの語り口でお伝えさせていただきます。

生みの母と育ての母に愛されて

明治四十四年、岩手県で生まれたトシエさんは、四人兄弟の三番目。

「生まれはね、大東町こおでん村。阿原山っていう富士山みだいに立派な山があるの。一ノ関から大船渡線さ乗って、千厩の手前で降りるの。そって、馬車で三時間行ぐとあったの。家は昔、殿様が陣をとる場所として使われたんだと。大きな家だったもの地主でね」

母親はトシエさんが三歳の時に病死。祖母と姉が母親代わりだったそう。

「お母さんの顔は、ぜんぜん覚えていねぇの。近所のお母さんだち見ると、うんと羨ましかったの。涙が出るほど。そって、五歳のどき、新しいお母さんが来られだの。ノエという人。その人はもともと近所さ住んでた人だったがら、兄弟みんな安心したの。カラカラ菓子だのねじりっこだの、黒砂糖だの食べさせてもらった。明るくて一生懸命な人でね、うんと大事にしてもらったの」

「家は百姓でね、養蚕から、炭焼きどが、なんでもやったの。馬も四頭いだった。あだ、田植えのときは、赤い襷かげで、十人もそろって唄うだいながら植えたった。兄弟みんなで苗運びもひて、楽しがったよぉ」

「子供のころ大変だったのは雪道。小学校さは四年生まで分校さ通って、あとは本校さ通っだの。往復二時間。雪降れば、向こうが見えねぐて、泣ぎながら通った〜」

十三歳で就職、二十歳で結婚

小学校を卒業後は、一関の紡績工場で「糸とり」の仕事に就きました。

「糸とりわかってる？　あの、あっついお湯で、蚕の繭を煮だった。一年に二百円ぐらい稼いで仕送りしたの。成績よぐって、何回も名前呼ばれだった」

「初めての給料で、おばあさんと母親に、反物買ってあげたの。うんと喜んでな〜。おら、恩返しのつもりだったども、今でも思い出されて泣いてしまうときもあるよ。とってもいい母親さ巡りあえで、幸せだった。ほんとに」

「七年務めで、二十歳のときに嫁に行ったの。おんなじ村の人ど。旦那は二十三歳だったの。ひて、村さ帰って農家をやったの。長女が生まれでから、夫は仙台に二年、東京さ三年働ぎに行ったの。そひて、次女が生まれで。おれはずっと村さいだったども、離れてるのは良ぐないって、東京さ行かされだの」

東京・お茶の水でOLに、子供との辛い別れ

東京に出てからは、仕事に育児に大忙しの毎日だったそう。

「東京の神田でタイプライターやったの。御茶ノ水の駅前のビルで働いだった。産まれだばかりの赤ん坊抱いてな。それはもう、大変だったよ」

「四年いでね、子供二人あってがらね、離婚されたの。旦那に別の人が出来で。長女おいて、村さ帰って来たの。お腹の中には赤ん坊がいたの、九カ月の。ひて、帰ってきたらば、次女が亡ぐなってしまって。男の子生んで八歳まで育でだども、東京の人さ取られでしまったの。跡取りにするって。気が狂いそうになるぐらい泣いだよ。今は、息子も幸せに暮らしでるが

ら安心してる」

三十代で歳の差再婚

離婚後は村に戻ったトシエさん。そのときのことを今でもよく覚えているそう。「離婚されでね、村さ帰ってきたらば、村の人達、山のくだへ出でたの。案じて。みんなさ心配してもったのは、うんと嬉しかった」

「そのあとね、どごさも行ぎだがないがらね、一人でいだの。家で馬預かって、百姓して。そやって六年いでね、北上にお嫁に行ったの。泣ぎながら行ったの。だって北上の旦那は六十歳。へへへ。歳とったひと。おれは、三十すぎだったんだな。んでも、立派な人で、私には決して苦労させなかったよ」

「北上でもやっぱり百姓。リンゴだのね。いっそ働いだの。リンゴは二十貫リヤカーさつけで、ひっぱって歩っだの。んだがら、ひざ悪ぐなったの。未だに悪いの。三年注射したの。んで、治らねぇの。あどは死ぬばかり。死ぬの待ってんの。ふふふ」

「北上では、四十歳すぎに、女の子ひとり生まれたの。そして、男の子ひとり、跡取りに養子もらって、いま、東京にいる。北上でも辛いことは、うんとあっだの。んでも、色んなこと経験したから、辛いことも大変なことも、苦だと思わねで生きてるの。何があっても、笑ってればいいの」

体が動く限り働きたい

トシエさんは、ご主人を見送ってから、七十五歳で特別養護老人ホーム「敬愛園」に入居しました。

「ここは楽しい。よいどごだね。まず、ここの人達はみんないい人」と、言うトシエさん。入居されてからずっと、洗濯室で洗濯物をたたむ仕事をしています。

「今は、洗濯物たたみしてるときがいちばん楽しい。ここさ来てからずっと続けてんの。三六五日、毎朝。少しでも役に立ちたくて。園の人たちも、うんと喜んでんの。働かねと体あんべ悪くなるもんや。これからも体動く限り、働くよ」と、笑顔で語ります。

「今までの人生で、楽しかっだことはなんぼもあったの。辛かったこともなんぼもあったの。んでも、なにあっても、大変だと思わない。ばがだがら。ふふふ」

6

来間隆平さん

明治四十四年一月二十五日生まれ

石川県能登半島出身 岐阜県
（取材日不明）

自分の信念を
ずっと通してきたから
いつ死んでも
幸せだと
思っています

《学び》

◆シベリアで五年、中国で6年と11年も（かつての）敵国に抑留された辛い経験（45歳で帰国）が支え。
◆貯金がないので、早期退職した退職金で娘の結婚式を挙げる。
◆若い頃からたばこは吸っても酒はやらないから今でも健康です。
◆自分の信念を通してきたから、いつ死んでも幸せです。

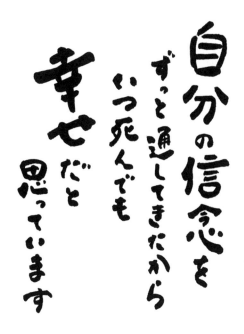

隆平さんは話上手でユーモアに優れた人です。戦争最中の混乱やシベリアで軍事捕虜になり辛かった日々も、郷里の金沢と岐阜で判事として、弁護士として朝早くから夜遅くまで勤労した日々も。勇ましかった一人の男の冒険談義のように、じっくりと語り伝えてくれました。

両親を知らず、寂しかった少年時代
大学は法律の勉強を志す

「昔の能登半島は、二つの国からできていたのです。加賀の国と、もう半分が能登の国。私は能登の国に生まれました。父は先祖から十五代にわたって続いた医者で、母は私が生まれてすぐに亡くなった。父も私が八歳の時に他界しているので、私は両親をほとんど知らずに育ちました」と朴訥とした口調で話す隆平さん。

幼い頃から隆平さんの父は、往診で帰りが遅く、隆平さんとは顔を合わせる日もわずか。

孤独だった隆平さんは「私は祖母に育てられたようなもの。幼少時代は薄幸だった」と語っています。

幼年時代には、冬は竹馬、夏は近所の用水場の池で水泳をしてよく遊んだそう。そして七尾市の県立七尾中学校を経て、東京の中央大学（予科）に入学し、本科の法学部へ進みます。「本当はね、父の後を継いで医学部に進むはずだったのですが、私は数学の成績が悪かったから思う高校へも入れず、医学部にも行けなかった。しかし、法律というのは『覚える』ことだったので、それなら得意だし、こちらへ進もうと思ったわけです」。その後、隆平さんは大学三年の在学中に、高等試験司法科に見事合格。将来は地方裁判所の判事になろうと決めたそうです。

第二次世界大戦後、厳しいシベリアでの抑留を

昭和六年。じわじわと志那事変の予兆が広がり大日本帝国陸軍が大幅に拡張されていきます。

隆平さんは、志願したわけでもなく強制的に「陸法会議法務官」に任命される。「毎年、全国で法務官試験の合格者は三百名あまりいましたが、個人の希望など聞いてもらえるわけ

でなく強制的に軍で取ってしまうから弁護士や検事、判事にまわす人がいなくなってしまう。そういう時代だったのですよ」

隆平さんが最初に配属されたのが東京の第一師団。次いで仙台の第二師団、青森（弘前）の第八師団、関東軍満州国、金沢の第九師団と転々とさせられました。

そして第二次世界大戦が勃発する。日本は、昭和十六年十二月八日にパールハーバーを攻撃（真珠湾攻撃）したのです。

「最初は調子が良かったんです。それで南方へ転任することを希望したら、赤道直下の国・ボルネオにやられました。私は北朝鮮の第一九師団、法務部長で陸軍法務少佐という階級でした」。隆平さん、三十四歳のときです。

「それから日本は大東亜戦争（第二次世界大戦）で負けて、やむなく日本へ帰ってきたけれど、戦争に負けているから『ポツダム宣言』によって、ソ連軍に降伏したものはシベリアで軍事捕虜になり、アメリカ軍に降伏したものはアメリカ軍の捕虜になった。私はソ連軍に抑留されました。シベリアです。そりゃあ寒いなんていうもんじゃあなかった、零下三十五度ですよ。そこに五年も捕虜として置かれたんです。食糧は半分ぐらいしかもらえず空腹でね。鋸一本で木の伐採をやらされたりね。それは苛酷な重労働ばかりでしたね」

四十五歳の秋、日本に帰国。妻と再会する

隆平さんが次に遷されたのが満州でした。あの頃の満州は畑を耕すようにして石炭がザクザク採れる世界でも稀少な石炭の一大産地。隆平さんは、その地で「お前が満州にいたときに中国人に迫害を加えただろう！」という根も葉もない罪を着せられ、六年間も刑務所へ入れられたのです。「それは苦しめられましたね。戦争に負けてからというもの、シベリアで五年、中国で六年と十一年も（かつての）敵国に抑留されたんだものね」

隆平さんが日本に帰国したのは昭和三十一年九月五日。その日付だけは今も空で唱えられるほど。

「敗戦の時には、私には妻と六歳の長男、三歳の長女、生後六カ月の次男がいました。妻（当時三十歳）は戦争が始まった時に北朝鮮にいて、そこからアメリカ軍が占領する南朝鮮まで何百キロの道のりを、三人の子供達を連れ、命からがらに戦争の焼け野原を逃げてきた。そうしてアメリカの占領地に入って日本に送還されました。彼女とは文通もできてなかったから、てっきり戦死したと思っていたらしいですがね……」

郷里の金沢、岐阜で判事として務める
人生の後半は弁護士に

それから隆平さん（四十五歳）は、郷里の金沢で地方裁判所の判事として四年働く。そして法務大臣からの任命で岐阜の裁判所へ行くようにいわれ、昭和三十四年一月二十六日に家族揃って岐阜に赴任。四年間、裁判所の判事を務めたといいます。

「判事を辞めた理由は、娘の結婚資金を退職金で作るためです。私は戦争で抑留されていた時が長かったから当時は貯金が一銭もなかった。家内はそれこそ食うや食わずで子供を育て、学費を作るだけで精一杯だ。本当はね、六十五歳の定年まで十三年は判事ができたわけだけれど、その退職金でささやかな娘の結婚式を挙げてやることができたわけです。まぁ良かったのではないかな」

判事を辞めたあとの仕事といえば、弁護士しかない。隆平さんは心を決め、岐阜で弁護士事務所を開業しました。

「知り合いは検察庁の人や警察ばかりだし、果たして生活ができるのか不安もありました。駄目なら頼み込んで判事に戻してもらえばいい、そう思っていたんだが。ふたを開けてみればものすごく流行った。お金がこうも簡単に稼げるものかと思うほどお客が次々とやってき

ました。でもね、どういうわけかほとんどが暴力団です」。彼ら曰く「先生あんたは昔、暴力団を痛めつける判事だったが、今度は暴力団を弁護して可愛がっておくれ」と……。どうやら判事時代に隆平さんは暴力団の専門だったのです。「岐阜という土地は関ヶ原の戦いで主戦場になったほど気性の荒い土地柄で暴力団も多かったんです。特に柳ヶ瀬地区などは毎晩ピストルの音が絶えなかった。それでも暴力団というのは、気は荒いが金払いは綺麗なものだったですね」と隆平さんは当時を懐かしそうに振り返ります。

たばこは吸っても酒はやらないから健康です

それから数年。隆平さんは岐阜の高級住宅街に百坪もの家屋敷を持てるほどの財力を得た。桃、八重桜、梅、松の木々が植わった豪奢な庭が一番の自慢です。

「あの頃よく働いてくれた妻は、十八年前に病気で亡くなりました。優しい素晴らしい妻で、学校の成績も抜群に良かった。実はいとこ同士の結婚だったんですがね」。そう照れくさそうに笑った隆平さん。

隆平さんの子供達も、みな優秀。「長男は弁護士、長女は教員から専業主婦。次男は日本経済新聞の取締役社長です。孫は七人、曾孫は三人。時々遊びに来てくれます」。そう言いながら安堵の表情で目を細める隆平さん。

　今は、朝八時から夕方五時まで、二十年間務めた弁護士事務所の事務員さんが隆平さんの家へ通い、家事のほか、隆平さんの身の回りの世話をしてくれるそうです。

「日・祝日はこの広い家に一人です。趣味は読書と旅行。小説はたくさん読みます。好きなのは温泉だけど、足が不自由になったし、耳が少し遠くなったので最近はあまり行かないですがね。若いときからたばこは吸っても酒はやらなかったから、今でもとても健康です。元気でしょ、私」。そう話しながら、激流のように流れる思い出の一つひとつを年老いた手で救い上げては仰ぎ見るような隆平さん。

「人生の中で一番うれしかったのは大学在学中に司法試験に合格したこと。辛かったのは戦争に負けて十一年抑留されていた期間です。私は自分の信念をこうやって九十一年間通してきましたからそれでもう、自分はいつ死んでも幸せだと思っています。悔い、もありませんよ。親は知らずに育ちましたがね……」

7

芦田ふいさん

明治三十九年十月二十日生まれ

滋賀県湖南市（取材日不明）

人と言い合いしたとか
人の悪いこと言ったとか
覚えんなあ

《学び》

◆「人と言い合いしたとか、人の悪いことを言ったとか、覚えんなぁ」

◆10人の子供を産んで3人は幼くして亡くした。たくさんの子供を育てるのは大変だったでしょう、と聴くと「もう忘れた」とのこと。

◆長生きの食事→毎朝、朝ごはんに必ず、細かいじゃこと昆布を酒に一晩漬けたものと、焼いたお餅を食べ味噌汁を飲むこと。嫌いなものは何もなく、夜寝る前のアリナミン一錠と養命酒も毎日欠かしません。

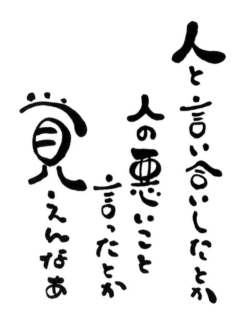

滋賀県の岩根村（現・湖南市）に女二人、男二人兄弟の「尻子（末っ子）」として生まれたふいさん。近所の茶飲み友達がいなくなった今、やんちゃだった子供時代や若い頃の貧しい体験、旦那さんとの思い出を、まるで旧友に話すように懐かしそうに話してくれました。

百姓の家に生まれて

ふいさんの実家は百姓の家で「土臼づくり」もしていました。「上臼と下臼の間に籾を入れて引くのだけれど、うまく籾殻が取れないので何度も引き直した。今は全部機械やけどなあ」。子供の頃の遊びといえば、布袋の中に砂を入れたこんめ（＝お手玉）や、古新聞を芯にして糸を巻いて作った手まりで遊んだというふいさん。「勉強は嫌いだったが、走るのが早くてね。体は小さかったけれど、学校で二番になったの。それから、親が野洲川《おもいがわ》に魚を獲りに行くときはいつもついて行って、浅瀬でがんばって魚を獲りました。前川という少し小さな川では、蛍を獲った。昼間は葉っぱの裏に付いていただけで面白くなかった。蛍のよさは、夜の暗いときだけだね」と、やんちゃな一面も。

貧しくも子育てと仕事に奮闘

当時の女性たちの仕事は裁縫が中心。ふいさんも小学校を出てから、裁縫の学校に通いました。その後二十一歳で結婚。十人の子供に恵まれましたが、三人は幼くして亡くしました。「今残っているのは女の子六人と、男の子一人。結婚して毎年のように子供を授かっていたのだろうけど、よく憶えてないの。病気で四歳の長男を亡くしたときは惜しかったなあ。あとの二人は産まれてすぐにね。昔は死産も珍しくない時代だったから」

旦那さんは無口な人でしたが、子供のことは人一倍大切にしてくれたそう。百姓仕事も一生懸命にしてくれたので、一丁五～六反あった田んぼから米が百俵も取れたこともありました。冬には、わらで米の袋を一人で編んでくれた本当に働き者だったといいます。

若い頃、体が弱かったふいさん。「おじいさんは外にあるトイレに私を背負って連れて行ってくれたり、赤ちゃんの乳が出ないときは隣近所に乳をもらいに走ってくれた。それでも体調のいいときは、私も寺の八の鐘（午後八時）が鳴る頃まで働いてました。足りなくなった苗をもらいに歩いたことをよく覚えています。夜には家の門の前でわら草履を編んだり、寒い中、下駄をはいて牛の乳搾りをしたり」

「子供たちにも家の手伝いをよくさせました。特に長女は頼れる働き手だったからよう学校にやれなかったが、他の兄弟たちはみんな高等学校まで卒業させたの」。どの家も貧しかった当時、これはなかなかできることではなかったそうです。「学費のために米を売ったけれど、お金が正月までもたなくてね。年忌のお供えの五十円のお金を親元に借りに行ったことは今でも忘れない」。とにかく身を粉にして働き、七人の子供を育て上げました。

一緒に旅行した楽しい思い出

甲斐性があり、よく働いたという旦那様。その分、厳しい人でもあり財布はすべて夫任せで、ふいさんは家にどれだけのお金があるのか全く知らなかったそう。「今の時代は女性が家計を管理するケースも多いようですが、私はそういう家計の苦労もなんにも知らずに生きてきました。ただ、おじいさんに言われるがままの人生を送ってきました」

ある時期、田圃や山が国に買い上げされ、それまで苦しかった生活が一変したそう。「それから、おじいさんはしょっちゅう旅行に連れて行ってくれました。特に子供たちがみんな学校を卒業し、義理の両親が亡くなったあとはね。九州や北海道、熱海など。友達の中にはどこへも連れて行ってもらわなかった人もたくさんいるから、私は恵まれていたしありがたかったね。今じゃ、乳母車を押さないと歩けなくなったから、もうどこへも行きたくなくなったけれど。温泉で転んだら恥ずかしいしね」

長生きの秘訣はオリジナルの健康食品

「人と言い合いしたとか人の悪いことを言ったとか、覚えんなぁ」と、ふいさん。年をとってからは近所に五〜六人の茶飲み友達ができて、誰かの家に寄っては話をするのが楽しみだった。「みんな亡くなってしまって、長生きしたら話し相手がいなくなった。それが寂しい」

毎朝の日課は、「朝ごはんに必ず、細かいじゃこと昆布を酒に一晩漬けたものと、焼いたお餅を食べて味噌汁を飲むこと」だそう。嫌いなものは何もなく、夜寝る前のアリナミン一錠と養命酒も毎日欠かしません。

現在（取材当時）ふいさんは、息子さん夫婦とお孫さんの四人で暮らしています。「嫁がとても良くしてくれるからありがたい。良い嫁や。私はあほやさかい（「あほだから」という意味）。尻子（末っ子）でやんちゃだったしね（笑）」

8 熱田政子さん

明治四十年八月一日生まれ

東京葛飾生まれ 大阪府八尾市
（取材日不明）

人と人が真心で
ふれあえば
そこには必ず
平和がある

《学び》

◆生涯独身を貫きましたのは、その方に女の操を捧げるためだったのかも。
◆まじめにやっていれば見ていてくださる人がいる。
◆天真爛漫な笑顔。
◆学ぶことと人と会うことが大好き。
◆昔のような時代が来ればどんなにいいだろう……人と人との心からのつながりがあった時代。
◆心と心、芯から心のふれあいをしたらそこには必ず、平和があると思います。

八尾市にある熱田政子さんのお住まい。そこには、老若男女問わず次から次へと人がやって来るのだそう。お仲間によると「皆さんここに元気をもらいに挨拶に来られるんですよ」とのこと。その言葉に呼応するような明るい声と朗らかな笑顔で政子さんが出迎えてくださいました。

弟妹六人の親代わり

明治四十年に東京都葛飾区で生まれた政子さんは、七人兄弟の長女。両親は子供を叱ったことがなく「なごやかな家庭でみんな健康、貧しくとも心豊かな暮らしだった」と、言います。

「母親は朝早くから夜遅くまで靴下、足袋などの縫い物をいつもしていました。私も長女なので子守、洗濯、足袋の繕いなどよく手伝いました。弟もとても親孝行で冬には一番早く起きて、家族のために薪のストーブを焚いて部屋を暖めておいてくれたことを思い出します。

父親がずっと肺を患っていたこともあり、家族全員が助け合い、特に兄弟で上の者は親代わりとしての勤めを自然にこなしていたような気がしますね」

北海道の大自然に育まれ

教員であった父親が北海道に赴任することになり、政子さんは小学校入学の年に室蘭市に移り住みます。成人するまでの多感な時期を雄大な自然の中で過ごしたことは、生涯の素晴らしい経験として残っているそうです。

「小学校から帰ると、友達や妹たちと山に行き、たんぽぽ、げんのしょうこ、よめな、かたくり、ぜんまい、ぐみ、やまぶどうなどの野草や木の実を採っていました。海辺では、あさり、うに、昆布、岩のりなどを採ったり。母が喜んで手を加えて食卓に上るのが嬉しかった」

スズランが咲き誇る草原の美しさや、納豆売りのおばあさんの様子など、当時のことをとても鮮明にイキイキとお話される政子さん。「この大自然の生活の中から朗らかさをもらい、弟妹を育てることで和が自分に備わったように思います」との言葉に、現在の誰からも慕われる人柄の土台が垣間見えます。

尋常小学校を修了後は父親の薦めで高等小学校に通い、十五歳の春に晴れて女学校に入学。「室蘭に女学校は一つしかありませんでしたので、袴をはいて五十分の道のりを歩いて通いましたよ。お琴も習いました」と、懐かしそうに語ってくださいます。

東京に就職、小学校の先生に

大正十四年に女学校を卒業。補習科に通い小学校本科正教員の免状を得た政子さんは、二十歳になった年の十二月に東京葛飾区の小学校に就職し訓導（現在の教諭職）となります。父から就職祝いにもらった腕時計は宝物に。

初めて教壇に立ったときには緊張で足がぶるぶる震えたという政子さんですが、大勢の弟妹の中で育った経験から子供が好きで、たちまち生徒たちの人気者に。「私はピアノも歌もうまくありませんでしたが、音楽の授業は楽しく、たびたび音楽会で優勝しました。歌はもちろん、生徒の態度が良いと評価されたことが嬉しかったですね」

ただ、昔からスポーツは得意でなく体育の授業は苦手。「跳び箱が跳べなくてね。男子受け持ちの先生が男女共同の時間割にしてくださり助けていただきました。それからその先生に想いを寄せるようになりましたが、廊下で出会っても恥ずかしくてトイレに逃げ込んでいました。教員同士が恋愛する環境などなく諦めていたんですね」。退職時に、その先生からコスモスを描いた色紙を贈られ、政子さんの想いをお相手もわかっていたことを知ったのだそう。

生涯独身を貫いた理由

昭和七年、政子さんが二十五歳のとき、弟の関西転勤に伴い家族揃って兵庫県神戸市に転居。父母、妹二人、弟二人とまた一緒に暮らすことになります。「仕事を探しに三宮に行ったところ危うく遊郭に送られそうになった」なんてこともあったそう。

翌年、和歌山県の小学校教員となった政子さんを突然の悲劇が襲います。「二十六歳のときですね。結婚を申し込まれていた男性と弟と三人で池へ行きボートに乗りました。その男性がボートを漕ぐのを弟と代わろうとして立ち上がったところ、ボートが転覆。私は水の中に沈んで行く意識の中で『もはや私の人生はこれまでか……』と考えていましたら、弟が助けに来てくれました。私を助けたあとにその男性を助けようとしたらしいのですが、時すでに遅し。結婚を約束していた男性はその事故で亡くなりました。私が一生涯独身を貫き通しましたのは、女の操をその方に捧げるためだったのかもしれませんね。今では考えられないことでしょうけれどもね……」

七十八歳まで現役キャリアウーマン

三十一歳でキリスト教の洗礼を受けた政子さんは、「勤労の生活」を送ることを決意します。大阪市の民生局婦人部長、社会福祉主事などを歴任し、七十五歳で予備校の理事に。七十八歳まで現役で働き続けたキャリアウーマンのハシリといえる存在です。

一方で文化活動にも大いに力を注いだ政子さんは、四十歳で大阪女性文化の会の会長となります。当時は娯楽が少なかったので大勢の人が集まりました。「コーラス部は、作曲家の内田元先生が指揮をしてくださいました。電気がないのでローソクに火を灯し楽譜を読みました。バンドを組む人も現れ音楽で救われた人がたくさんいたことを後に知りました。教養部やダンス部、洋裁部などもありましたね。会の活動のほかにも結婚、就職、母子寮の世話などもしていたので忙しかったですが、まじめにやっていれば見ていてくださる人がいる。この頃のことは後になって評価されることが多かったように思います」

学ぶことと人と会うのが大好き

「毎日がとても忙しくあっという間に月日が過ぎて行く」という生活は百歳を越えても変わらず。謡曲のお稽古と生涯学習センターへ通い、教会への礼拝はほぼ毎週出席、毎日の散歩も欠かしません。日課といえば、毎朝バナナを必ず一本食べることと、お茶を飲むこと。サツマイモをトースターで焼いて食べるのも好きだそう。

他に長く続けていることは、ドクダミ摘み。「六月ごろ、ドクダミが日陰で花穂に黄色い小花をつけると、せっせと摘んできては部屋いっぱいに広げ、乾燥させて友人、知人の方々にお配りしています。きっと北海道で過ごした青春時代に、仲良しの友人と毎日通った野草摘みの楽しさが今も心に残っているからかも知れませんね」と、天真爛漫な笑顔でおっしゃる政子さん。

「時々『昔のような時代が来ればどんなにいいだろう』と思います。人と人との心からのつながりがあった時代。心と心のつながり、芯から心のふれあいをしたらそこには必ず、平和があると思いますよ」

9

馬杉次郎さん

明治四十三年一月十二日生まれ

大阪府枚方市（取材日不明）

私はなにくそ精神で
やってきました
100歳になれば
有終の美を
飾るべしです

《学び》

◆悲観せず、与えられた仕事を全うし、出会いを大切に。
◆好奇心をもって本を読み、何歳になっても勉強をすること。
◆快眠快便・安眠・休息・運動をバランスよく。
◆「広大無限のこの恩に報いる道は、人生を人の世のため尽さんと命のために働かん」
◆50年間、タワシ摩擦を朝晩行う。健康にいいことは積極的に。
◆歳は関係なく、現役でさまざまな役職や肩書きを担い、社会とつながる。
◆幼い頃に脳を鍛えないと駄目。これからは感性の時代だと思いますよ。

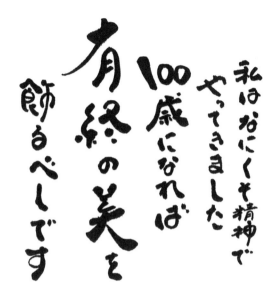

九十八歳（取材当時）の次郎さんの活躍の幅は広く、子供のように好奇心の赴くままに首を突っ込んでは次々と肩書きが増えます。数枚持ち歩く名刺には、全国ニューシルバーパワーの会会長、全国健称マラソン会大阪支部相談役、枚方・交野健康むら21ネット代表、生活習慣病撲滅国民運動実行委員長、昭和の日記念行事実行委員長……と記され、これらすべてを兼任されているのだから、忙しいはずです。

エネルギーの塊のような活き活きとした口調で話す次郎さんのお話です。

大志を抱いて就職するが、戦争が勃発する

次郎さんは、泉州の堺で生まれました。父は、大阪府で八番目に免許を取得した薬剤師で、薬局を自営。母は、石見の国（島根県）の出身。醤油屋の娘として育ったそうです。

幼い日に次郎さんは、肋膜炎を患ったことがある。それ以来、「家ではお肉や卵を沢山食べさせてもらっていました。肋膜炎はすぐに治りましたが、その後は病気知らず。滋養の賜

物だと思っています」とのこと。

小学校を卒業した次郎さんは、旧制高津中学校に進学する。バスケットボール部へ入部し、キャプテンも二度経験しました。卒業時のアルバムには、「日本海の分水嶺に立って小便すれば、一方は太平洋、一方は日本海にそそぐ。これからの第一歩が重大なのだ」と残されており、まだ見ぬ外国への大きな憧れが込められています。

そんな次郎さんが選んだ就職先は、「大阪商船」（現在は商船三井）でした。勤務して三年後に徴兵検査があり、二十一歳で大阪の歩兵第三七兵隊へ入営。そして働き盛りの二十八歳（昭和十三年）に召集令状がやってきました。

「派遣先は広島の宇部港にあった陸運船舶司令部でした。ここは徴用船舶の入港用の指令塔としての役割を担っており、私は上海、南志那、北志那、仏印、香港、ラバウルと転々とし、八年間の戦時生活になりました」

香港では統治国である英国の軍隊との戦闘を経て上陸し、弾丸が飛び交う攻略戦へ参加したことも。次郎さんは白昼夢のような戦時中の日を話し始めました。

陸軍大尉として広島の原爆を体験

戦争が激化する昭和十八年、広島へと転属した次郎さんは、その二年後の八月六日の原子爆弾投下をこの身をもって体験しています。

「私は当時、陸運大尉に任命され、結婚もしていました。その日は真っ青に晴れた日で、私たちは朝八時から朝礼開始の点呼をとっていたのです。投下時の記憶はあまりないのですが、あ！と思った瞬間にいきなり砂煙が湧き上がり、もの凄い勢いで背中を押されました。気づいたときには自分は防空壕の中にいたのです」

次郎さんが、心細い気持ちで防空壕の外へ出てみると、あんなに青かった空が、一転して火の粉が混ざった厚い雲にモクモクと覆われている。次郎さんは敵の爆弾がガスタンクに命中したのだと思ったそうですが、軍の幹部からは「特殊爆弾」だと告げられたそうです。「原爆」など誰も知らないのだから当然です。

「私の家族は安芸の宮島に近い五日市というところへ疎開していました。昭和十九年生まれの長男はまだ一歳。妻と息子が無事でいるのか、それだけが気になりなりましてね」

家の中にいて放射線を浴びなかったのが幸いし、妻子とも無事。どれだけ安堵したことか……。戦前・戦後の怖ろしい体験は、どれだけ歳を重ねても消えない記憶です。

人生は出会いが肝心、チャンスは自分で掴む

終戦後。次郎さんは、帝国陸軍がこしらえた西日本石炭輸送という公社で働きました。ところが昭和二十五年に統制解除で会社は解体。次に、エンジン付きの木造船で石炭を運ぶ仕事をするが、こちらも数年で統制解除に。次郎さんは、家族を食べさせていくために親戚に頼み込み、小さな石炭問屋へ就職しました。

「陸軍大尉時代に通ったことがある飲み屋が私の会社のお客さんだったので、リヤカーに乗せて石炭を運んでいったことがあります。すると私の顔をみるや女将さんに『石炭なら裏に積んどいてや』と吐き捨てるように言われました。地位、立場が変わると、人は手の平を返したようになると痛感させられましたよ」と話す次郎さんは、それからほどなくして、「野口ゴム」というゴム靴を製造するメーカーへ再就職しました。

「この頃の日本は物資不足で、革靴の製造は少なく、ビニールを原料とした靴が多く出回っていました。しかし。ビニール靴は冬になると寒さで硬くなり、亀裂が発生しやすいという欠点があったんです。野口社長はそのような欠点を補う革付きビニール靴を発明して製造したところ、爆発的に売れたんですよ」。野口ゴムは、全国規模の会社となり、次郎さんは日本中を飛び回る営業社員として大忙しだったそうです。

「私は、営業しながらふと工事現場や工場で利用されている安全靴に目をつけました。つま先の部分に薄い鉄板が仕込んであり、靴底も釘を踏み抜かない丈夫なゴム底の靴です。これは需要があると思いましてね」。次郎さんは、安全靴の製造を社長に進言しました。結果、国鉄（ＪＲ）ほか、多くの現場で安全靴は採用されたそうです。

次郎さんは、功績が認められて営業部長に昇進するが、ちょうどその頃に陸軍船舶司令部時代の知り合いから転職に誘われる。迷ったあげく「ダイキン工業」の総代理店「城陽ダイキン空調」の営業部長に招かれて、大阪へ。そして関連会社の取締役としても務められたのだそうです。

百歳になればすべてに感謝し、有終の美を飾るべし

次郎さんは、退職後に六十一歳のときに友人とともに共同経営で会社も起業しています。その当時、朝走ることを日課にし、それが縁で「早朝走ろう会」というグループに出会い入会。七十七歳、八十六歳で「ホノルルマラソン」にも参加。昭和六十三年に、枚方大橋から淀川河川敷を走る市民マラソンイベント「大阪リバーサイドマラソン大会」を創設し、健康の自己管理を全国に呼びかけ、その功績が認められて「第十三回ランナーズ賞」（平成十二

年）も受賞しています。「この間も小豆島を三キロばかり走ってきました。そしたら村長さんから表彰されちゃいました」と。また、今も眼鏡なしで新聞を読み、五十年間もタワシ摩擦を朝晩行うそうです。

「九十歳を目前にした頃に、カナダのバンクーバーのコンドミニアムに、三カ月滞在して海外生活をしたこともありますよ。バングラディッシュで学校を建設するボランティアにも参加し、開校式に行ったりもしました」

海外生活といえば高齢者は尻込みしがちですが、勇気を出して踏み出せば問題ありません。

「健康の秘訣は、快食快便・安眠・休息・運動をバランスよく保つこと。それと気分転換することですな。本を読んで勉強することも大事。私たちは小さい頃に、教育勅語と軍人勅語を丸暗記させられた世代ですが、幼い頃に脳を鍛えないと駄目。私は今、芳村思風の著書『感性論哲学』をここ五年ほど勉強しています。これからは感性の時代だと思いますよ」

そう話す次郎さんは今が一番楽しいそうです。最近は、高齢者パワーを社会に活かすニューシルバーパワー活動もはじめ、昭和への感謝の気持ちを伝える講演活動も忙しい。

「どこの明治の男と勝負しても負けませんわ」

10

田中千代さん

明治三十八年十一月二十七日生まれ

兵庫県加古川市（平成19年10月24日取材）

老人には お金も
何も要りません
ただひとつ
かぞくの愛情
だけが
必要でございます

《学び》

◆「千代さんええか、人間は理論よりも言葉が大切やで」。言葉一つでどれだけ人が喜ぶか、どれだけ人が傷つくか。口から出る言葉は優しい言葉を使うのやで。（父の教え）

◆「老人には、お金も何も要りません。ただ一つ、家族の愛情だけが必要でございます」

◆「壮健が最高の宝」と心得て。健康であることが大事。

◆人生はいいことばかりではございません。つらいことも多うございます。しかし、それが人生というものでございます。自分の健康のためにも悲しいことは思い出さないことです。

◆「人間は死ぬまで勉強」。「趣味」が人生を豊かにする。

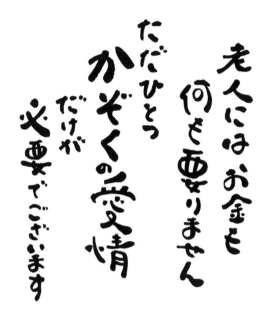

「壮健は最高の宝」「孝は百行の本」「読書は人間を作る」など、数々の名言が飛び出す田中千代さん。訪れた私に、開口一番「わざわざ遠いところをお越しいただきありがとうございます。好奇心はございますが、もう耳は遠いし勘はとろいし、皆さんにご迷惑の掛からないよう毎日を送ることが私の本望でございます」と。百歳過ぎても好奇心を失わないユーモアいっぱいの千代さんにお話を伺った。

父一人、子一人の幼少時代

千代さんの両親は幼い頃に離婚していたそうで、千代さんは七歳くらいのときに母親のところから父親の元へ連れてこられました。母親と会えない寂しさからか、父親に相当「ごんた」を言って困らせたそう。「お父さんのお腹から生まれたんと違うわーっ！と口答えしたことを未だに覚えています」

父親は、新聞配達をしながら男手一つで千代さんを育てました。「薄暗い時間から夕方までかかって神東上の街をすべて配達していました。朝の二、三時に出かけていく姿を障子の穴からじっと眺め、姿が消えると『ああ、いってしもうた』とさみしく思ったものでございます。今のように朝で配達を終わるということはございません。ぞうりを履いて一日かかって配達し、帰りは川で身を清めて帰ってきました。配達ができなければ食事を抜かれるなど、大変な思いをしておったようです。父親は多分栄養不足だったんだと思います。それに加えてまだ十歳やそこらの私の世話もあります。子供だったとはいえ、何でももっとよくしてあげなかったんだろうかと、今でも後悔の念に耐えません」

そんな二人に、さらなる苦難がやってきます。「あるとき、人の口車に乗せられて、爪に火をともすようにして貯めたお金を騙し取られてしまいました。その人は印刷を生業にしていましたが、印刷の機械を買いたいというのです。父親はお金を貸しましたが、そのまま逃げられてしまいました」。父子は、家を追われて近所の二階を貸してもらい暮らすことに。「父親は、騙されて生きる望みがなくなった、と四條の河原の橋の欄干にもたれて泣きました。私も、お父ちゃん、私もつらいから泣かんといて、と袖をつかんで泣きました。あの苦しい気持ちは忘れられません」

十二歳で住み込みの奉公へ

十二歳のとき、大阪の柴島《くにじま》の家に、住み込みで奉公へ。「まだ十二歳でしたので、子守をしておりました。その家には三人のお嬢さんがおいでになりました。私はいつも三畳のお部屋で就寝させていただいていたのですが、お嬢さんのおもちゃが触りたくて触りたくて。朝早く起きて抜き足、差し足でおもちゃ箱に近づき、隠れて触っていました。ある日とうとう見つかってしまい、『千代さんがおもちゃ触った』と怒鳴られ、びっくりして部屋に舞い戻ったのを覚えています」。しばらく奉公を続けた後、豊国神社の社僕で働いていた父親の元へ戻ります。

親の苦労のおかげで今がある

そんなあるとき、千代さんは、宮崎県から神戸に出稼ぎに来ていた男性を好きになりました。「結婚することを約束して宮崎についていったのですが、神戸に置いてきた父親が気になって落ち着かず結局神戸に帰ってきてしまい、その人との縁が切れてしまいました」。千代さんは自分を男手一つで育ててくれた病弱な父を、どうしても一人にしておくことができませんでした。

父親は私が二十歳のとき、六十歳になるかならないかで食道癌で亡くなりました。「『孝行に気づく時分に親はない』とはよく言うたものです。昔の人の言われたことに間違いはありません。ああ、罰当たりな私」

父からは多くのことを教わったと千代さん。「『人間は実より言葉』も、父から何度も言われた言葉です。『千代さんええか、人間は理論よりも言葉が大切やで』実より言葉。言葉一つでどれだけ人が喜ぶか、どれだけ人が傷つくか。口から出る言葉は優しい言葉を使うのやでと言われました」。「親の苦労のおかげで今がある」という言葉が、深く心に響きます。

結婚、そして戦争

千代さんは二十歳過ぎで結婚、子供は男の子三人と女の子一人を授かりました。「長男は戦争でルソン島で戦死しました。遺骨が帰ってくるというので、白木の箱をもって神妙に迎えに行ったら、入っていたのは石ころだけでした。あまりにもあっけなくて落胆いたしました」。長男は自ら望んだ「志願兵」でした。「それも時代。若くして命を落としたのもそれも宿命。明治・大正に生まれた者には戦争があり、国難の厳しい時代でありました」

阪神大震災で被災

平成七年一月十七日に阪神大震災が起こります。当時、千代さんは神戸の長田に住んでいました。長田といえば、神戸でも最も被害の大きかった地域。「あの日は、はだしのままで近くの小学校に避難しました。足の裏が痛くて痛くて、窓枠を外して運び出していただきました。着の身着のままでした。避難所のお手洗いは溢れかえっており、おしっこがしたい上にお腹は張るというのに、便器もむちゃくちゃでまともに使えませんでした。加古川の娘が迎えに来てくれたときは、地獄から天の助けのように思いました。

趣味が人生を豊かにする

「読書は人間を作る」「発声力を作る詩吟は健康法」と、読書と詩吟が現在の千代さんの趣味。老人ホームに移る前、「施設で約三カ月くらい暮らしていましたが、施設は本当に辛うございました。好きな詩吟を止められ、読書も好きなだけできるわけではございませんでした。私は年齢はいっているのですが、ぼけきらないのです。ぼけてやろうと思うのですがぼけられないんです。でも、ありがたいことですね」。「人間には趣味が必要」と千代さんは言います。「老人になったら友だちが減ります。年をとったときに楽しく暮らせるように、若い頃から趣味を持つことが必要です。また、気分転換の手段としても趣味は大切。私は詩吟を熱心に勉強して、七段までいただきました」

「壮健は最高の宝」と心得て

「老人にはお金も何もいりません。ただ一つ、家族の愛情だけが必要でございます。やはり家族との暮らしが一番でございます」と千代さん。そのためには「壮健が最高の宝」だと言います。「自分が健康でなければ家族が心配します。絶対に家族を心配させてはなりません」「さて、何歳まで生きましょう?」と千代さん。「百歳過しまして、お笑い種になさってください。何事も天命と思っております。そればかりは天におまかせしましょう。人生はいいことばかりではございません。つらいことも多うございます。しかし、それが人生というものでございます。自分の健康のためにも悲しいことは思い出さないことです。若い頃は苦労しましたが今は極楽です」

千代さんの言葉には、人生に裏付けられた真実ゆえの説得力があります。これからの高齢化社会を幸せに生きるためのヒントになりそうです。

11

高木辰三さん

明治三十七年五月五日生まれ

大阪府松原市（取材日不明）

日本がどんな状態で
自分は何が
できるのかを
考えて行動
するほうがいい

《学び》

◆戦争に負けて、無一文で6人の子供を抱えて日本に上陸したときの、何とも言えない気持ちは今でも忘れません。

◆「昨日のことをくよくよしたり悲しんでも始まりません。それより先のことをどうするか、何ができるか考えて行動するほうがいいでしょ」

◆日本が今どういう状態かを考えて効率よく動かないとね。人生も商売と同じ。

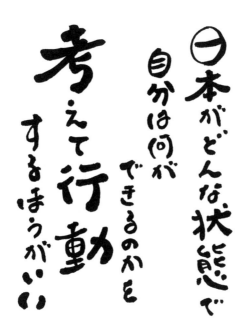

とても優しい目をして、肌もつやつやの高木辰三さん。年齢よりも若く見えるのは、いつも前向きで人のために尽くすことを常に考えているからなのでしょうか。九十五歳を超えた今（取材当時）でも商売心を忘れない辰三さんにお話を伺いました。

ガキ大将だった少年時代

生まれは東京・南千住。戸籍上は明治三十七年五月五日生まれですが、実際に生まれたのは一月二十九日の辰三さん。

「一月二十九日は日が悪いからと、両親が勝手に一番良さそうな日に変えて登録したそうです。昔はそんなふうにのんびりしたものでした」

妹がいましたが、早くに亡くなったため一人っ子。尋常小学校を卒業した後、高等科に一年通い、その後は働きながら商業学級の夜学に三年間通いました。

「子供の頃は荒川（＝隅田川）でよく遊びました。というより暴れまくっていて、二回くらい死にそうになった。仮死状態で家に運ばれたとき、母親がにんにくを丸ごと飲ませてくれて、なんとか水を吐き出して助かりました」

遊ぶことが大好きで、まさにガキ大将だった辰三さん。両親が共働きだったこともあり、家はいつも悪友のたまり場でした。

商売の原点を学んだ中国時代

学校を卒業後、十六歳で津村順天堂に就職。「当時の社長にえらく気に入られて、車の助手席に乗せられて一緒に通勤したり、腕時計をいただいたりしました。その時計は壊れて動かなくなってしまいましたが、今でも大切にしています」

当時貿易がメインだった同社で、辰三さんは中国の支店に派遣され、世界からいろいろな物を輸入して中国国内で販売していたそうです。

「千二百海里も先にある重慶にも売りに行きました。揚子江近くにある街で、大きな船がそこまで行けたんです。しかし、増水期は四千トンの船が行き来できましたが、減水期は千五百トンの船しかダメ。減水期には大きな商売ができなかったので、増水期の半年間で一年分の商売をやってしまうという商いでした」

成功から一転、無一文で帰国した戦後の日々

十八歳の頃、上海に遊びに来た妻と知り合い、二十五歳で結婚。三男三女を授かりました。三十三歳のときには同社を退職し、個人で貿易の仕事を始めた辰三さん。南京と蛮風に、雑貨などの輸入品を扱う店をもちました。

「日本や上海のものが本当によく売れて、三代でも四代でも一生遊んで暮らせるくらい儲けました。陸軍の南京出張所に、当時で一台十八万円の飛行機を八台分も献金した。日本にも時々帰ってきては、妻や子供を連れて日本中を旅行したものです」

ところが、戦争で日本が負けた途端、店も財産も中国に残し、命からがら追い出される形で引き揚げることに。「無一文で、六人の子供を抱えて日本に上陸したときの、何とも言えない気持ちは今でも忘れません」。辰三さん、四十歳のときでした。

「その後、親戚を頼って奈良の桜井に一カ月ほど世話になり、金沢の父のところに帰りました」。引揚者戦災者寮での新しい生活。親戚や近所に食べ物を分けてもらって急場を凌ぎ、少し落ち着くと、日本全国を渡り歩き闇屋の商売を始めました。

「駅で寝泊まりしながら、米や薬を売って生活を支えました。何もない時代だから、何でも高く売れました。あるところから仕入れて、ないところに売りに行けば商売は成り立つ。ようやく家族が食べていけるようになりました。しかし、四十歳で中国から引き揚げ、五十歳までの十年間、それはそれは苦労したものです」

八十五歳までバリバリの現役

根っからの商売好きで、「今でも儲ける自信がある」という辰三さんですが、「いかにして生き抜くか」だけを考えてきたため、趣味だの遊びだのは一切考える余地がありませんでした。

五十歳になって余裕が出てからは、健康維持のために毎日自己流の体操を続けています。娘さんと暮らし始めてからも、就職活動をしては仕事を見つけ、八十五歳くらいまではバリバリ働いていたそうです。「今はもう働けなくなったから、体を健全にしておかなきゃ」と、心身ともに元気な辰三さん。

九十歳を過ぎてからは近所の人とオーストラリアへ行ったり、孫の結婚式に出席するため、一人で東京でも金沢でも出かけて行くそう。「ついでにふらふらと旅行気分で足を伸ばしてしまうので、よく家族に怒られます」

終わったことにくよくよせず先を見る

「昨日のことをくよくよしたり悲しんでも始まりません。それより先のことをどうするか、何ができるか考えて行動するほうがいいでしょ。やみくもに何かをすればいいってもんじゃなくて、日本が今どういう状態かを考えて効率よく動かないとね。人生も商売と同じ。自分の目の付けようによって商売も左右されますからね」

今からでもきっかけさえあれば、新たな商売を始めて成功しそうな辰三さん。「いつも前向きでプラス思考。人のために尽くすことを常に考えている、優しくて尊敬できる人」と、お孫さんからも一目置かれる存在です。

12

大蜘蛛ヨシさん

明治三十九年十月十一日生まれ

京都府京都市（取材日不明）

じぶんが
悪いこと
思ってへんかったら
わるいもんは
来ないの

《学び》

◆悪いことを思ってなかったら悪いものはこない。逆に良いことを思っていたら良いことがくるということ。
◆長生きの秘訣は、「粗食」と「おしゃれをすること」「無理なことはしないこと」。
◆心がきれいであることが大事＝善良であることが大事。
◆起きてくる出来事を常に柔軟に受け入れる＝反発しない・無理しない、嫌な人は借りを返す相手と捉える。
◆自分ではない人（＝家族）のために生きるということ、それが生きる原動力。

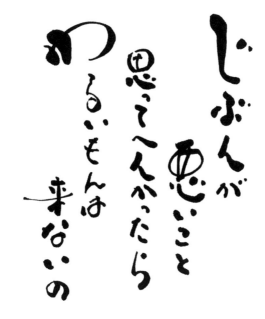

古い町家の並ぶ昔ながらの京都のたたずまい。お孫さんの電話案内がなければたどり着けない入り組んだ道の先に、大蜘蛛ヨシさんが暮らす家があります。

花街系の家に生まれて

今年で百二歳になるヨシさんは、現在娘さんと二人暮らし。東京で生まれ、小学校四年生のときに京都へ引っ越しました。

「私の母は新橋で芸者をしてて、もともとは福井県の武生の出身。生糸の産地でね。都会から生糸買いにくる人がいっぱいいて、母は、きれいなシャナシャナした芸者にあこがれて東京に出て、私たちができたわけ。武生って、昔からの都会だったから、母は田舎の人とかお百姓さんのことは何にも知らないのよ」

ヨシさんが育った家庭は、母は芸者、父は三味線をたしなむハイカラな家庭だったそう。

「小さいときから家には三味線があって。子供の頃は体が弱かったので、運動になると言われて歌と踊りも習っていました。写真に写っているでしょう」

「これがおばあちゃん？」と、孫の訓子さんが尋ねると、「そうそう真ん中。学校から帰ってきたら、お稽古。遊びに行くようなもんだけど、健康にはいいのよね」。大きな瞳でやさしく話してくれます。

「この人は同い年で、たまちゃんって言ってね。おばあさんが一生懸命お稽古について来て。私ら遊び半分なのに。この人は小田原に練習に行くって。お師匠さんが目をかけてはった。そうそう。この人は乾物屋の娘……」

「これは十歳ぐらいのとき。これが私。みんな同い年だけど、私だけ小さい。ここの台に上がるのに、めまいがして怖かったぁ」と、九十年も前の記憶を鮮明に語るヨシさん。

押し入れに眠っていた三味線を出してくれました。

「四組」の優秀なお嬢さん

ヨシさんが十八歳の頃に通っていた女学校の「通信簿」を見せてもらうと、とても勉強されたようです。それは、「体が弱いから勉強しなさい」という親の教えでもありました。

「シュウシン（今のお作法や道徳の科目）がいちばん好きだったけど、一週間に四時間くらいしかなくて。私らのときは平均点の高い人から、『四組《しくみ》』といって優秀組みたいなの作ってね。私、よく何かするとね『四組』のくせにて言われるの」。当時は成績で組に分けられ、成績が悪ければ組を落とされることもあったそうです。

高島屋のレジスター、京大の事務員

卒業後は、高島屋に就職。「レジスターしてたの。トータルと現金と合わなくなるでしょ。でも、私は一年間トータルして、二千円しか違わなかった。優秀だって、特別賞いただきました。結局、売れ残り売れ残りって言われながら、八年ぐらい勤めました。みんな二、三年で結婚して辞めて行ったけど。店員同士とかね。私らはレジスターだから接触する人が限られてたのよ」

高島屋を退職したヨシさんは、父親が勤めていた会社で働いたあと、京都大学へ勤めることに。実はそれまでに一度結婚し、一人娘を授かっています。当時では珍しいシングルマザーでした。

「京大の農薬施設に勤めながら、夜もアルバイト行ってたんでしょ？　ダンスホールに、DJみたいな」と、訓子さん。

「そうそう、東山にダンスホールがあって、レコードかけの仕事。踊れなくても見に行けたの。大学は五時に終わって、その後ご飯を食べたら何もすることがないから、そこでバイトしようと思ったけど、学生さんが来るから学校に知れたらどうするのって母に怒られてね。二重に働いて、大学クビになったらあれだし、すぐに辞めたの」

長生きの秘訣は粗食とおしゃれ

ヨシさんは、八十歳までひ孫をおんぶしていたほど「足腰が強い」そう。「家の急な階段を毎日上がり降りしてるので、足腰が強いんです」と訓子さん。「それに自転車に乗れないので、昔からよく歩いていたようです。京都大学に勤めていたときも、おつかいは全部歩き。京大の構内を出るまででも広いのに」

気になる食生活は、「お肉は全く食べない。おじゃこと、お漬もんと、卵と、納豆と、お味噌汁と白いごはん。白いごはんが一番ごちそう」だそう。

そして、もう一つ、忘れてならないヨシさんの長生きの秘訣が「おしゃれ」。今でも来客があるときは、必ずご自分で美容室へ行き、今日も取材のためにわざわざ美容院でパーマをあててきてくれました。

無理なことをしないで、感謝する

「自分が悪いこと思ってへんだら、悪いもんはきいひん。自分の気持ちがきれいであることが大事や」とは、ヨシさんがいつも言っている言葉だそう。

「私の人生、行き当たりばったり。そんなしっかりしたあれはないんだけど、よく言えば柔軟なの。なんでも反発する人いるでしょ。私はそんな無理なことはしない。相手もしない。ずるいのね。嫌なことする人は、前世で借りがあると思ったらいい。以前に、きっと迷惑かけたんやからお互いさま。そんなことかな」

ストレスがたまることには無理をしてまで付き合わないという信念があるそうです。「みんなが大事にしてくれたから今まで生きている」とヨシさん。「私が長生きするなんて、誰も思ってなかった。小さいときに伝染病を患ってから、みんなが腫れ物にさわるみたいに大事にしてくれていたんです」

孫やひ孫たちも、ヨシさんをしばしば訪ねて家族一緒の時間を楽しむそう。「おばあちゃんが公務員で一生懸命働いてきてくれたから、苦しいときも、父親が事業に失敗したときも、どうにか食べてこられました。きっと、みんなのためにも生きないと、という思いが強かったんです。くたばれへんていうのがあるんだと思います」

13

橋本宗一さん

明治四十四年十月十日生まれ

北海道旭川市（平成19年9月24日取材）

世の中は
何と言うたって
実行ひとつだ
実行がなけりゃ
いかん

《学び》

◆私ら宗教者から言わせると、人様に喜んでいただくこと、人のためになることをさせていただく。徳を積むことが大事。
◆子供は親の後姿を見て育つ。
◆神様に今日一日の無事を感謝で通っていたら、絶対に子供は付いてくる。口で言うたっていかん。世の中は何と言うたって実行一つだ。実行がなけりゃいかん。それが一番大事。
◆時代は確かに変わったが、ランプと電気、その明かりの先にあるものは何も変わらないのじゃないかな。

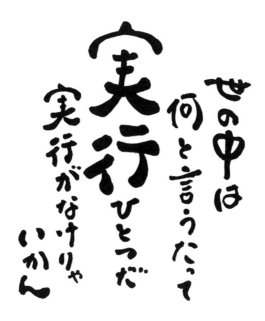

橋本宗一さんは、祖父の代からの天理教徒。父は一家を連れて北海道に移り住み教会を開き、宗一さんは父を継いで二代目教会会長となりました。今は二十六歳の孫が四代目を引き継いでいます。現在、四世代同居の九人家族です。ひ孫は二人。

神様の「お授け」に助けられ

「私は長生きしているが、私の家は長生きの家系ではない。父親が三代続いての肺病で四十二歳で亡くなっている。それで四代目のおじいさんのときに、滋賀の甲賀大教会から『にをいがけ（＝天理教に導いてもらうこと）』があり、肺病の因縁が消えたんだ」

その後、明治三十八年ごろに一家は北海道に移り住み、「愛別」という田舎町で橋本さんが生まれました。「八人兄弟の三番目。男三人と女五人だった。生まれてすぐ、はしかにかかって死んだのもおったなぁ。肺病で亡くなったのもおった。今、生きているのは三人だ。その中で明治生まれはわしだけ」

一家は、人生の実にさまざまな場面で「神様のお授けに助けられた」と言います。「私が十歳の頃、一度大水の川に魚とりに遊びに行って死にかけたらしい。そのときもお授け（＝天理教のお祈り）で息を吹き返したそうだ。小豆の商売をして二年ほどした頃、家を建てていたらその家が火事になったので、今度ははっかを植えたら儲かった。それで愛別の端に五ヘクタールの土地を買った。そこに家を建てようと思っていたが、縁あってそこを料理屋に売った。ところが、その年の春に大洪水がおきて、土地が半分駄目になってしまった。料理屋にお金を半分返すと言ったが『そんな金は受け取れない』と言われた。そんなことが続いたこともあり、商売を辞め、料理屋へ渡すはずだったお金を元に教会をすることになったんだ」

教会を建てる間、母親は教会本部の別科（修養科）に半年間入って文字の読み書きを学び、父親は山に木を伐採に行くかたわら、教会を建てるために各方面に動き、教会を開くことを許されました。「その後、ついには十五カ所の新しい教会を部内に作り上げたんだよ」

好きな英語を断念し宗教家の道へ

「札幌の北海中学か、旭川の旭川中学か」といわれていた当時、橋本さんは旭川中学に通い、英語もしゃべる優秀な学生でした。「当時は試験は厳しく、実力がなければ入れなかった。そのまま北海道大学に行くという道もあったけれど、行っていたら戦争に召集されて死んでたかもしれない。天理大学を受けようと天理に出てきたが、教会の『ひのきしん（いわゆるボランティアのこと）』ばかりやらされた。そして明日が試験という日に、教会のとある人から『外国語（学部）だったら海外に行かないといけなくなるかもしれないぞ！　男一人なのに家を絶やす気か！』と怒られて、やめてしまった。凄く悔しかった。勉強は好きではなかったけれど、しゃべるのが好きだった。英会話が好きだった」

進学を泣く泣く諦めた橋本さんは、学校を出て、天理教のお授け（＝人助け）に歩いていた。「毎日片道十二キロの距離を歩いて困っている人のところに行き、朝づとめと夕づとめも欠かさなかった。しなかったらご飯が当たらなかった。お授けの後、電灯もないあぜ道を、提灯をぶら下げて帰ってくるのは辛かったなぁ」

そんな橋本さんも、三十二歳のときに戦争に召集されてしまいます。「もし外語学部に行ってたら、シベリアに一人で暗号通信指令部に行かされていたかもしれないけれど、私はずっと軍の事務局みたいなところで、軍隊手帳を書く役目をしてましたよ」

橋本さんは、心定め（＝決心のこと）をしてから本部（奈良県天理市）や上級の教会（滋賀県岩根村）のお参りを、六十二年間一度も欠かさず続けてきました。「昔は飛行機がなかったから、北海道から鈍行電車で片道三日かかった」

　二十六歳のときには、二代目教会会長に就任。その頃に当時十八歳の妻と結婚をします。妻との間に子供はできませんでしたが、姉の二番目の男の子を一人養子に貰いました。

「三代目会長になったこの一人息子は六十歳のときに突然死んだんだ。朝、腰が痛いと病院に行って、夕方には亡くなった」。教会は、二十六歳の孫が四代目を継いでいます。

「うちの家訓で『会長は四十までに譲れ』というのがあったから、私も息子が三十八くらいのときに譲った。青年期でなければ、石橋をたたいたような信仰になるからだ。それじゃ駄目なんだ」

　妻は八十六歳のときに老衰で亡くなりました。「今は寂しくはないよ。毎月おぢば（＝天理）に来るのが楽しみだ。六十二年間、来年は六十三年になる。おかげさまで体は健康だ。五十歳で糖尿だと言われるまでは一日タバコ六十本、酒一合毎日飲んでたが、五十を過ぎてスパッと辞めた」

政治でも宗教でも何でもいいから世の中を変えていかないと

あるとき、信者さんが相談に来たことがあった。「高校二年生の男の子が、医学部に行きたがっているが、先生に今の成績じゃ無理だといわれたそうだ。それでも行きたいと言うので『それならば心定めをしてみろ』と言うと、それから一日も休まず神殿掃除に来た。そして、二学期の終わり頃になって成績がグンと上がったと。これならいけると、さらに三学期も続けた。結果、見事に現役で医大へ受かったよ。天理の病院『憩いの家』へ研修医に行った後、アメリカへ行き、帰って来てから三十六歳という若さで医学博士、助教授になったんだわ」

「私らはお授けしかないから、そうしてみろと言うしかなかったのだがね。お授けの利とはたいしたもんだ」と橋本さん。「神様の道というのは本当にありがたい。『蒔いたる種は皆生える、肥えをおかずに作り採り』とおっしゃっているのは断じて嘘はないということだ」

「政治でも宗教でも何でもいいから今の世の中を変えていかないと、喜び溢れる平和な世界に連れて行ってもらうのは難しいんじゃないだろうか」と橋本さん。

「私ら宗教者から言わせると、人様に喜んでいただくこと、ためになることをさせていただく。徳を積むことで、大難を小難、小難を無難に通らせていただき、陽気ぐらしの道に進ませていただくことが大事だと思うわな。子供は親の後姿を見て育つ。口で言わんと姿で見せていくことだ。神様に今日一日の無事を感謝で通らせてもらっていたら、絶対に子供はついてくるよ。口で言うたっていかん。世の中は何と言うたって実行一つだ。実行がなけりゃいかん。それが一番大事。時代は確かに変わったが、ランプと電気、その明かりの先にあるものは何も変わらないのじゃないかな」

14

久野富美子さん

明治四十四年一月三十日生まれ

兵庫県神戸市出身 兵庫県芦屋市
（平成19年12月23日取材）

やりたいと
思ったら
何も考えないで
走って走ってから
最善を尽くして
きました

《学び》

◆お金がなければ自分が好きな仕事をすることね。

◆誇りをもって最後まで自分の信念を貫いてね。

◆いい加減なことをしたりしないで、自分は少しくらい辛くてもその人のためにしてあげることが大事ね。

◆一番辛かったのは、赤ちゃんの顔から笑顔がなくなっていったことでした。

◆何かやりたいと思ったときに、やらないと！　私は何も考えないで走って、走ってから最善を尽くしてきました。

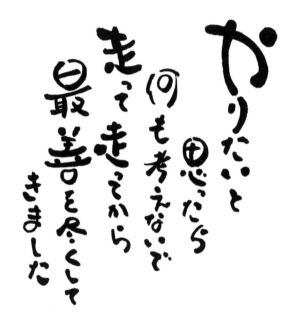

ハイカラ文化が花開く神戸

「私が生まれたのは、神戸市の県庁近く。今では観光施設になっている相楽園が当時は大きなお屋敷（三田藩主の小寺泰次郎邸）でね、うちはその西側にありました」。富美子さんは、時にユーモアを交えながらこれまでの人生を振り返って話してくれました。

富美子さんは三人兄妹の真ん中、長女として生まれた。父は昔気質だが前向きで人望の厚い教師だった。母も同業です。「私が十歳のときに父は他界しました。喫茶店などない頃にも旨いオムレツを食べに行こうと、いろんな店へ連れていってくれたのを覚えています」

こんな話もある。「うちの家の周辺にはロシア人や台湾の人がいて、焼き豚やハム、ベーコンをもらったりしても、母が嫌がって食べさせてもらえませんでした。バターはおいしいわよ！とお友達が教えてくれるんですが、一度も味わったことはなくて……。でもある日、お友達の家へ行って初めて紅茶をいただいたんですが、ミルクとお砂糖が入ってものすごく美味しかったの。今でも紅茶を飲むと、子供のときのあの味だと思い出します」そう言って、チャーミングな笑顔をみせる富美子さん。

子供の頃の遊びといえば、かくれんぼ、まりつき、なわとび。学校では鶴亀算や並木算の計算をする算術のほか、国語、歴史も大好きでした。そして源義経の『鹿も四つ足　馬も四

つ足　鹿も越え行くこの坂道　馬の越せない道理はない……』（鵯越）と懐かしそうに歌ってくれました。

そんな富美子さんは、神戸市立第二高等女学校の四年生で地元神戸の師範学校を受験し、卒業後は教師の道を進みます。富美子さんの初任給は四十円。翌年には大恐慌に見舞われて次々に銀行が閉鎖され、お給金は三十八円に減額されたそうです。

子育てと仕事に悩む毎日、夫婦は花の東京へ

富美子さんは二十一歳で結婚した。夫は県立工業学校に勤めるものの、二人で働いたほうが家のためになると、まもなくして仕事に復帰。今でいう共稼きですが、内心は「子供が好きで可愛くて、可愛くて仕方なかった」のだとか。富美子さんは、子育てと仕事の両立に悩みながらも、女中さんに赤ちゃんを預けて懸命に働きました。

「一番辛かったのは、赤ちゃんの顔から笑顔がなくなっていったことでした。私はお乳がよく出たから女中さんに学校へ連れて来てもらって、お乳をあげたりして、なんとかやり通しましたけどね」。働く母の悩みは、四半世紀過ぎても、共通しています。

そして昭和十年。富美子さん二十五歳の頃に、夫が東京の都立大学を作るために転勤し

たのを機に、慣れない東京暮らしに。富美子さんは東京でも教師の職を探して働きました。
「たぶん今の吉祥寺界隈ですね。山本有三とか野口雨情が住まわれていらした閑静で良いところでしたよ」

空襲に見舞われるが、悲観ばかりしていられない

そのうち戦争（第二次世界大戦）の陰が街に色濃く広がっていく。東京の街は空襲で火に囲まれる日が何度もあり、生徒の家も焼かれ、住む家のない子供たちを預かったりしたそう。そんな激動の中に、富美子さんに長男が産まれる。そこで救世主として現れたのが教師だった富美子さんの母・おばあちゃんの存在です。

富美子さんは母を東京の家に招いて、子供たちの面倒をお願いするが、後半は高齢のためか、咳込む日が多く「母を二階に寝かせて、子供たちを上に行かないようにしていたことが多かった」と富美子さん。

そのうち、東京は空襲が激しくなり、一家は妹のいる明石へ疎開（昭和二十一年）。しかし、その明石にも、戦争の火の手がまわり始めます。そして明石公園に焼夷弾が落ちた数日後に、ついに妹の家（機械油の家業を営む）も、落下した焼夷弾が襲ってきました。

「上の娘が下の弟をおぶって逃げてくれました。私は火の手がまわり始める家に、置いてきたおしめや着替えを取りに戻ったのですが、そそっかしいから足踏みミシンの上に置いてきてしまい、何もかもが燃えてしまった。しばらくは頭が真っ白になりました」と、富美子さんはまるで昨日のことのように言います。

戦後は、ご主人も神戸へ戻り、富美子さん一家は知り合いの厚意で芦屋の大きな家にしばらく同居させてもらったと話します。

子供たちはかわいい、だから私は幸せでした

「戦争が終わり、主人は今の大阪府立大学創設のために仕事をしていました。私もありがたいことに芦屋の山手小学校にて教員として迎えられました。春には桜がいっぱい咲いて、ホテルみたいにきれいな学校で、職員会議よりも桜が散るのをみているほうが楽しかったことを思い出します」

富美子さんは小学校の教員として勤務した後に、芦屋市内の付属幼稚園から声をかけられ、定年まで園長として勤め上げました。また、定年後は新設されたばかりの幼稚園で七十七歳まで園長として子供たちと交わりました。

「新しい幼稚園では最初は四十五人にしか園児が集まらなくて、私が引っ張ってきた先生にお給金を払うのすら大変な時期もあったんですよ。でも芦屋で長く園長をしていたし、自信はありました。どうやって子供を喜ばせて、幼稚園を好きになってもらおうかとそればかりを一生懸命考えていましたから。私は保護者にも、『送迎バスを使うと子供の足が弱りますよ。子供が健康でいられるよう、栄養や配色を考えてお弁当を作るのはお母さんの仕事ですよ』と説明し、自分の信念を貫いて、最後まで幼稚園の送迎バスも給食も取り入れませんでしたね」と富美子さんは語りながら、子供の保育や学校教育は楽しくて、七十七歳まで勤められてものすごくいい人生だったと、満足そうに話してくださいました。

辛くてもその人を大事にしてあげることね

富美子さんのご主人は、突然の脳溢血で四十八歳に他界している。そしてご主人のことをこんな風に話します。

「学校をつくるという事業は、それは大変だったと思います。うちは共働きしていたのにお金がなかったのは、主人が人におごってばかりいたから。よく学生を連れて来ていました。未だに主人が世話した人が私に御礼をいってくださるんです。いい加減なことをしたりしないで、自分は少しくらい辛くてもその人のためにしてあげることが大事ね、そう思いますよ」

最後に富美子さんにこれまで一番うれしかったことをお伺いすると……。

「カギっ子だった息子が、塾も行かずに一人で勉強して東大に入ってね」そう、嬉しそうな表情で話すと、「今の楽しみは川柳ですよ。お医者さんはなるべく行かないの。年をとると大変なのよ。だから、何かやりたいと思ったときに、やらないと！　私は何も考えないで走って、走ってから最善を尽くしてきました」。

富美子さんは戦争が終わって何もないとき、ハーモニカ一つあったら、子供を集めて幼稚園のようなことをしたかった……。その夢が叶い、長きにわたって続けた教員生活。その素敵な思い出を抱いて、また新しい人生を歩いているそうです。

15

小田中ツノさん

明治四十二年十一月二十日生まれ

岩手県出身 盛岡市
（平成 22 年 11月取材）

みなさん
良いひと
ばかりだもの
101歳の今が
自由で
いちばん
いいところです

《学び》

◆家族だけではなく、近隣の人をも防空壕に招いて助け合う。

◆今、できることを一生懸命に頑張る。56から81歳まで25年間寿司屋のご飯炊きに。

◆101歳まで生きられたのは出会ってきた人のおかげ。

◆気丈であっても人間関係には弱い。施設の友達や、甥や姪との交流がある今が幸せ。

◆苦労を苦労と思わない辛抱強さ。

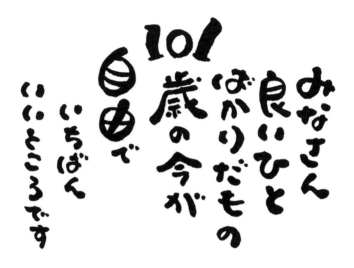

みぞれ雪の十一月末、ツノさんの暮らす「けやき荘」でお話を聞いた。ツノさんの甥夫妻、姪夫妻も迎えてくださり、施設の窓からは優しい灯りがこぼれていました。

六歳で父を、十二歳で母を亡くす

ツノさんは岩手県の新堀村に、長男・姉二人につづく三女として生まれました。そして六歳のときに父親を、十二歳で母親を亡くしました。両親亡きあとは、兄と二人暮らし。学校に通えたのは四年生までで、飯炊きや姪の子守りがツノさんの仕事でした。

幼少期の忘れられない出来事は、三歳のときの思い出だそうです。

「姉が泊まりに来たどき、私が寝小便したんだと。それを見て雪さばっさーーん！　縁側から外に投げられたんだよ。三歳か四歳のときだべ。昔は、布団でねくて、ゴザしいて、その上さ寝かされたんだ。『この、ねしょんべんたれガキ！』ってれ、ぼってり投げられたの」

放り投げられた雪の上は本当に冷たくて、今でもよく覚えているのだとか。

二十二歳で嫁入り。初めて故郷を出て小樽で暮らす

昭和七年、ツノさんは二十二歳でお嫁に行きました。夫は志和村から来た人で、お酒が何より好き。がっしりとした体格のとても親切ないい人だったそうです。

嫁入りのときのお話で、甥・姪夫婦も一緒に笑ってしまうエピソードがあります。

「たんすの〝長持ち〟ってあるでしょ。長持ち唄なんて聞がない？　嫁入り道具だ。幅七十～八十センチ、長さは五尺（一尺は三〇・三センチ）ぐらいか。深さが五十センチだ。十二キロの砂利道を、私は長持ちの蓋を、旦那は箱を背負って歩いたの。それを背負ったらさ、ヤドカリとしか見えねかったでしょぉ？　村の人が『な～にが来たんだ』って大勢で見に来たの。このこと後で大笑いしたよ、おれ」

大きな箪笥長持ちを運ぶ姿もそうですが、長持ちの中が空だったことも滑稽だったのだとか。甥曰く、当時はリヤカーなどもなく、いい家なら馬車や竿につけて運んだそうです。昔の嫁入りは、こんな風に箪笥長持ちを運んだりと、風流な光景でした。

新婚生活もつかの間、夫は北海道小樽の酒屋へ出稼ぎに行きました。すぐ戻るだろうとツノさんは岩手に残り、当時では珍しくない姑とのつらい毎日を送ることになります。そんな彼女をみかねて、なんと義理の姉が「これで小樽へ行きなさい」とお金を工面してくれまし

た。小樽までは、連絡船で八時間、二日ほどかけての長旅でした。夫婦は一緒になり、子供を育て、そこで二十年間暮らすことができたのでした。

悲惨な戦時中、馬や牛も悲鳴をあげた

その後、小樽から神戸の酒屋へ移ります。夫は人柄が気に入られ、ツノさんはご飯炊きとして勤め、仕事は順調でした。しかし第二次世界大戦が勃発し、疎開のためにふたたび岩手へ戻ることになります。

戦火から逃れるなか、家族ではない近隣のひとも防空壕へ入れてあげたそうです。馬や牛も、人の足音がするたびに、「助けて……」と悲痛な声をあげていたのだとか。

笑顔でいられるのはまわりの人のおかげ

昭和三十六年に夫は脳梗塞による麻痺を苦に他界。その三年後にツノさんも喉の病気で入院をしました。退院後は、筑紫病院のご飯炊きとして働き、その後は甥と姪のそばで暮らしながら、盛岡市のお寿司屋さんのご飯炊きをしたそうです。ツノさんは大変重宝がられ、五

十六から八十一歳までの二十五年間も勤め上げたのだとか。

それから老人ホームや病院を転々とし、今の住まい「けやき荘」に至ります。

そんなツノさんの心残りといえば、一人息子の存在。息子さんは東京へ就職後、結婚式と孫の誕生など家を出てから三回しか会えていません。なぜだか分かりませんが、連絡を取りたがらないのだそうです。そのかわり、甥・姪夫妻が月に一度は訪問してくれています。

これまでで楽しかったことを尋ねると「今が一番自由でいいところ。百一歳だから、今まで生きられたんだもの。今までもね、そんなに苦労しねで、まずよーくトントンと暮らしてきました。みなさんのお世話のおかげだ。みなさんいい人ばかりだもの。幸せです」。

ですが以前の施設では、小さい体なのに布団の上げ下げを強いられるなど、入居者との関係に悩まされました。そんな時は寒い川辺の白鳥に話しかけ、気を紛らわせていたのだとか。

今のツノさんは穏やかな笑顔で、来客にも心配りをし、百一歳とは思えないほど元気です（取材当時平成二十二年十一月）。そんな元気の源は、けやき荘での手厚いお世話と、施設でもお友達と交流ができていることだそうです。

16

橋本武さん

明治四十五年七月十一日生まれ

明治四十五年七月十一日生まれ
京都府宮津市出身 兵庫県神戸市
（取材日不明。平成 25 年 9 月 11 日没・享年 101 歳）

私の信条は
「高く、広く、明るく」です
目標は高く
視野は広く
生活は明るく
暮らすことです

《学び》

◆生涯に渡って子供の記憶に残る授業をしたい。
◆「銀の匙研究ノート」の授業は子供たちが自然と興味をもち、遊びの感覚でやるから楽しい。
◆「遊ぶ」と「学ぶ」は同じこと。
◆すぐ役立つことは、すぐ役立たなくなります。自分で興味をもって調べて見つけたことは一生の財産になります。
◆人間はみんな、いろんな能力があって、性格などもそれぞれが違い、それぞれに良いところがあります。
◆私は好きなことをがむしゃらにやってきました。自分が好きなこと、やりたいことをどんどんやりなさい。

国文学者で元灘高等学校教頭の橋本武さん。灘中学での「教科書を使わず、三年かけて中勘助の『銀の匙』を読み上げる」という斬新な国語の授業が、平成二十二年のベストセラー『奇跡の教室エチ先生と『銀の匙』の子供たち』（小学館）で紹介され、全国にその名を知られる存在に。「東大合格者日本一」の灘校の国語教師として百歳まで教壇に立った、その長い教師人生をふり返っていただきました。

少年時代から読み書きが大好き

明治四十五年七月十一日、橋本武さんは京都府宮津市で、九人兄弟の長男として生まれました。「父は、履物作りの職人で仕事には非常に熱心でした。母は農家の生まれで、女学校に行きたかったけれど両親が許してくれなかったと聞いています。勉強好きな人でしたので、私が勉強したり成績が良かったりすることをとても喜んでくれていました」

橋本さんは子供の頃、命にかかわるような病気を何度も煩い、「とにかく弱い子だった」

と言います。勉強は得意で好きな教科は国語。「きっかけは、小学校三年生のとき、受け持ちの先生が授業中に国定教科書なんてほったらかして、真田幸村、猿飛佐助といった英雄豪傑が活躍する講談本を読んでくれたことでした」

「教科書より講談本のほうがよっぽど面白かった。ただ、聞いているだけではだんだん物足りなくなって自分でも読みたくなる。そこで、母親に『本、買うて』とねだると、母にしてみれば子供が本を読んでくれるのが嬉しいものだから、すぐに買ってくれました。塙団右衛門直之《ばんだんえもんなおゆき》なんていう名前も覚えていますよ」

苦学の末、東京高等師範学校へ

旧制中学四年のとき、父親が他人の借金の保証人になったことから家は破産してしまいます。「学業はあきらめて丁稚奉公に行くしかない」と思っていたとき、担任の先生が「勉学をあきらめさせるのは惜しい」と、町の医師の家に、中学卒業まで家庭教師として住み込ませてもらえるよう頼んでくれました。そこで橋本さんは中学校を卒業するまでの残り二年間を過ごすことになります。

その後、東京高等師範学校に合格し、上京。苦学生のため家庭教師をしていましたが、あるとき、漢字研究の第一人者、諸橋轍次氏の補助や『大漢和辞典』の編纂の仕事を手伝うようになります。このとき、「徹底的に調べること」の大切さを学んだといいます。

私立灘中学校の国語教師として神戸へ赴任

昭和九年、二十一歳で東京高等師範学校を卒業。当時は教授が学生の希望に合った赴任先の学校を決め、就職活動をする必要はありませんでした。橋本さんは「金沢の公立中学に口がある」と聞いていたので正式な辞令が出るのを待っていました。そうしているうちに、まわりの同級生は一人、また一人と赴任先が決まって去っていきます。

「いつまで経っても自分だけ声がかからずどうしたことかと思っていたら、四月に新学期が始まって、ようやく担当教員に呼ばれ、金沢の口はダメになったと聞かされました。そして代わりに『私立だが、神戸の学校に行ってみないか』と言われました」

その「私立」こそが、灘中学でした。「しかし当時、私立は公立より格下と見られていました。今でこそ、灘も名門校として全国に名が知られていますが、その頃はむしろ落ちこぼれも多い学校でした」。とはいえ、他に選択肢もなかった橋本さんは、神戸へ行くしかありませんでした。「『私立でも将来性のある学校だから』とか、『二、三年すれば呼び戻すから』、という担当教員の言葉をとりあえず信じ、神戸へやってきました」

実際に赴任してみて、灘中学には最初から好感をもったといいます。「初代校長の眞田範衛氏は東京高等師範学校のＯＢでしたし、私に会うなり『先生も十年勤めなければ一人前とは言えません』とおっしゃいました。創立して間もない学校でしたが、眞田校長は『日本一の学校にしてみせる！』という熱意をもっていて、将来性を感じられる素晴らしい学校でした。そして、眞田校長は私のような新米教師に対しても一切指図をせず、教室を覗きに来ることもなく、すべてをポーンと任せてくれました」

当時の灘中学は、一教科一教師で入学から卒業までの五年間持ち上がり制。授業の内容もすべて教師が自分ですべて決めて良いというシステム。指図がなく自由にできる分、教師一人ひとりの責任は重いものでした。「しかし私は、そんな灘中の自由な授業や校風、眞田校長の熱意が気に入り、やりがいも感じていました」。橋本さんは、眞田校長の信頼に応えるため、ガムシャラに授業を行いました。

『銀の匙』を教科書の代わりに

眞田校長に言われた「一人前になるための十年間」を過ぎた頃、終戦を迎えました。「神戸も被災したましたが、灘校は無事だった。ただ、使用していた国語の教科書は、軍国主義を理由に三分の二は墨で塗りつぶされて真っ黒。ぺらぺらでこんなものでは授業なんかできないと思いました。それでも生涯に渡って子供の記憶に残る授業をしたいと考えていました」

昭和二十二年、GHQの指示で教育制度改革が行われ、現在の6・3・3・4制に統一。男女共学の公立校が新設され、学区制も適用されるようになりました。「灘校も高校を新設して中高一貫教育としましたが、同じく一教科一教師というやり方は変わらず、今度は中高六年間を持ち上がりで教えることになりました。それを機に、次の新入生（中一）から教科書を使わず、中学三年間かけて一冊の文庫本を読むという授業をすることを考えたのです」

『銀の匙』を選んだ理由について「たくさん本を読んでいましたが、特に中勘助の『銀の匙』は、夏目漱石が『きれいな日本語』と褒めたほど、美しい文章で書かれていました。さらに新聞連載小説だったため、長からず短すぎず、教材としては扱いやすい。各章に表題をつけられるのもいい。内容も中勘助の自伝的小説で子供から成長していく過程の物語ですから、生徒は自分の経験と主人公の気持ちを重ね合わせながら読み進めることができますしね」

それから一年間、橋本さんは『銀の匙』の授業の準備を進めます。授業を進めるうえでのポイントをまとめた指導要綱のようなものを作り、わからない言葉の意味を作者の中勘助氏に直接手紙で尋ねたこともあったそう。そうして一年かけて仕上げた「銀の匙研究ノート」を使い、昭和二十五年から『銀の匙』の授業を開始させたのです。

自分で調べて見つけたことは一生の財産

授業は、ただ文庫本を読み進めて出てくる事柄を橋本先生が教えるというものではなく、楽しみながら学べる工夫がなされていました。それは、一年かけて橋本さんが行ってきた「銀の匙研究ノート」を作る作業を生徒に追体験させるものでした。「授業は『銀の匙研究ノート』と題したプリントを配布して、書き込ませながら進めていきます。生徒はわからない語句の意味を調べたり、章ごとのタイトルをつけたりする。自分で考え、調べ、話し合う。時には横道にそれ、駄菓子屋の話が出てくれば、実際に駄菓子を配って教室で食べ、凧揚げの場面では実際に凧を作って揚げてみたこともありました」

「子供たちは、自分で体感し発見したことだから、自然と興味をもち、楽しみながら学んでいきました。遊びの感覚でやるから楽しい。『遊ぶ』と『学ぶ』は同じこと」

しかし当然、この方法では授業はゆっくりとしか進められません。二週間で一ページしか進まないということもありました。それに対して橋本さんはこう生徒に諭したといいます。

「すぐ役立つことは、すぐ役立たなくなります。自分で興味をもって調べて見つけたことは一生の財産になります」

今でこそ「スローリーディング」と呼ばれる授業方法ですが、当時は「灘校の自由な校風があったからこそ、できたこと」「この変わった授業のやり方には文句が出るどころか、プリントを抱えて教室に入ってくると拍手で迎えられることもありました。生徒はみんな国語の授業が大好きになったんですよ」。

昭和五十九年、七十一歳で退職するまで、灘校では『銀の匙』の授業が続けられました。

「銀の匙」授業三代目で東大合格者数日本一に

『銀の匙』で学んだ初代生徒たちは、六年後に十五名が東大合格。その六年後、二代目は京大合格者数では日本一に。そして三代目、昭和四十三年に灘高はついに東大合格者数日本一という快挙を成し遂げます。

「灘校は、その進学実績ばかりが注目されがちですが、灘校ほど自由な高校はありませんよ」と、橋本さん。『銀の匙』の授業が世の中に初めて紹介されたのは、『銀の匙』の四代目の生徒であり、神奈川県知事の黒岩祐治氏が、著書『恩師の条件』の中で橋本さんの授業を取り上げたことがきっかけでした。それが世間に広まり、橋本さんと授業のことを詳しく書いた伊藤氏貴氏の著書『奇跡の教室』の発刊にもつながりました。

この本の出版は、「もう一度、灘の教壇に立って『銀の匙』の授業をしてみたい」という橋本さんの夢をも叶えました。平成二十三年六月、「土曜講座」という特別授業で、現役の灘中学生に向けて『銀の匙』の授業が再び行われたのです。

「既にメディアに取り上げられていましたので、『奇跡の授業なんて、こんなものか』と思われたら立つ瀬がないと思い、いろいろ考えて臨みました」

教師になってすべてがよかった!

百歳を迎えた現在も、橋本さんは地域の文化教室での古典の講座を受け持っています。教師の面白さについて、橋本さんはこう話します。「教師は人間対人間で、人と交わることに面白さがあると思います。人間はみんな、いろんな能力があって、性格などもそれぞれが違い、それぞれに良いところがあります。それを見つけて接触していくのが楽しい。教師になってすべてがよかった。これ以外の人生は考えられない。教師という職につけたことがありがたいです」

九十四歳で源氏物語の現代語訳を完成させ、出版へ

そんな橋本さんも、八十一歳のときには解離性大動脈瘤を発症し、命も危ないという状態に陥りました。「牛乳瓶二本半分もの血があふれていたのですが、破れた血管部分が突然かさぶたで覆われ、血が止まったのです。どうしてそうなったかはわからないのですが、医者も『奇跡だ』と繰り返していました」

さらに、八十五歳のときには交通事故に遭い、後遺症として右耳の聴力をほとんど失ってしまいます。「このとき、教え子でもある医師に、先生の声は年齢より二十歳は若く聞こえると言われ、『それならまだまだ二十年は生きられる』と思ったんです。それで、かねてから気になっていた源氏物語の現代語訳に取り組むことにしました。源氏物語は長編なので、現代語訳には時間がかかります。でも、二十年あると思えばできるでしょう」そして本当に、九年かけて九十四歳のときにすべての現代語訳を完成させたのでした。

「この現代語訳は灘校に寄付すると言ったら、黒岩君（黒岩祐治氏・灘校出身の神奈川県知事）がお祝いの会を開いてくれました。すると一期生のＯＢが『このままじゃもったいないから、本にしてみよう』と言ってくれ、平成二十二年に灘校を出版元にして『現代語訳　源氏物語』という本になったのです。源氏物語は谷崎潤一郎や与謝野晶子などいろんな人が現

代語訳していますが、私は自分が紫式部になったつもりで書きました。現代の紫式部が平安時代に行って当時のことを書いたような視点で訳しています」

目標は大還暦！　百二十歳まで生きる！

平成二十三年十一月には「日本版イグ・ノーベル賞」※を受賞。

今の目標を尋ねると、「百八歳の茶寿、百十一歳の皇寿、そして、百二十歳の大還暦を迎えること」といいます。大還暦の装いは、「赤いスーツに白いバラのコサージュ」に決めているそう。

「私の信条は、『高く、広く、明るく』です。目標を高く、視野を広く、生活は明るく暮らしていきたいと思っています。私は好きなことをがむしゃらにやってきました。皆さんも自分がいいと思うやり方を見つけて、それを迷いなくやり遂げていってほしい。自分がこうだと思うものを見つけて進めてほしい。誰かのマネをする必要もないし、いいなと思えばマネをしてもいい。とにかく自分がやりたいことをやる、ということが大切。自分が好きなこと、やりたいことをどんどんやりなさい」

※イグ・ノーベル賞↓「人々を笑わせ、そして考えさせてくれる研究」に対して与えられる賞。

17

柴田まつゑさん

明治三十九年十月十一日生まれ

兵庫県高砂市（平成 20 年 2 月 23 日取材）

辛かったこと
悲しいことは
言わないの
言っても
しょうがないもの

《学び》

◆女の子に勉強は必要ないといわれ優秀であっても学校をよく休まされる、そんな時代でした。

◆女の子が欲しいと思っていたまつゑさんは、人形を作って寝床に置いていた。そして45歳の時に待望の女の子を生んだ。

◆「辛かったこと、悲しいことは言わないの。言ってもしょうがないもの。それは自分の心だけに置いて墓場までもって行くの」

◆「人間は本当に生きているのではなく、生かされている」

姫路の施設で暮らしておられる柴田まつゑさん。娘さんのお宅がご近所にあり、毎日顔を見に来てくれることをとても喜ばれています。子供の頃に学校の先生になることをすすめられたというのも納得、シャキシャキ聡明な姿で迎えていただきました。

港町で生まれ育つ

明治三十九年生まれの柴田まつゑさん。男三人、女二人の五人兄弟の長女でした。

小学校二年生までは港町に住んでおり、その頃に忘れられない出来事がありました。

「船場に友達と遊びに行ったんです。その頃はまだ子供やから男女一緒に。そのとき海に、友達のいくえさんがどっぷんとはまった（落ちた）。そのときに沈んでしまわず浮いてきた。沈んでいたら死んでいたかもしれない。今でもハッキリ覚えています」と、当時の記憶を語ってくれました。

勉強も裁縫も得意

「小学校では、男ばっかりのなか、優等まではいかないがまぁまぁ勉強ができました。先生に、『学校の先生になったらどない』と言われましたが、学校へ行かせてもらえなかった。女の子に勉強は必要ないといわれ学校をよく休ませられる、そんな時代でした」

書道がお上手で美しい字を書くまつゑさん。「学校は小学校だけ。卒業してからは裁縫を習いました」。このとき身に付けたお裁縫の腕が嫁入りの糧になったのだとか。

女中奉公を経て結婚

学校を卒業後は、さまざまなところでお仕事をされたまつゑさん。「家にいるうちは何もわからないからといって、二十歳になってからは何年か奉公に出されました。裁縫が得意なので重宝がられて、よくしてもらいましたよ」

二十二、三歳ごろ、縁談から結婚が決まり、飾磨（現在の姫路市南部）に嫁ぎます。お相手は、飾磨で船を管理する事務員。「役所ではないが真面目な職場へ行きたかったので、ちょうど主人に事務員は合っていました。小学校だけしか勉強できてないけど、美男やから便利においてもらった。不景気になってからも、今度は市役所に定年までおいてもらいました。運が良かったです」

戦後、米を求めて闇市へ

戦争中には、防空壕の中から姫路の空襲を見たそう。「焼夷弾が落ちてきた。大きな赤い玉が落ちてきて、姫路が丸焼けになってしまいました」。兄弟の中からは、長男と次男を戦争に出したそう。「一人は独身でしたが、もう一人はお嫁さんと子供が二人いました。二人とも戦死してしまいました」

戦前、戦中とお米は配給。戦争が終わってからも食べるものは十分とはいえない状態で、米を闇市に買いに行ったことも。「子供たちには、変なもんを食べさして、不自由な思いをさせました」

四十五歳で待望の女児を出産

子供は、三男一女の四人。上三人が男の子で、ずっと女の子が欲しいと思っていたまつゑさんは、人形を作って寝床に置いていたのだそう。念願が叶い、待望の女の子を出産したのは、なんと四十五歳の頃だったとか。

「今も、長女が近くにいてくれるのがありがたい。朝来ていっぺん帰って、また昼に欲しいもんもってきてくれて。昼ごはんも作ってくれる。どれほど頼りにしているか」と、嬉しそうに話します。

悲しいことは心にしまう

手先が器用なまつゑさんの部屋には、包装紙をまるめて作った作品が何百個も。牛乳パックのカゴや、遊び用のお手玉も作るそうで、いつ何を作ったかをすべて記録しています。

「じっとしているのがイヤでね。手先を動かすと頭が活性化するんだそうですよ」と教えてくれました。

戦前から戦中、戦後まで、さまざまな経験をしたまつゑさん、特に辛かったことは意識して話そうとされないのがわかりました。「辛かったこと、悲しいことは言わないの。言ってもしょうがないもの。それは自分の心だけに置いて墓場までもって行くの」。そして強く思うのだそう。「人間は本当に生きているのではなく、生かされている」と。

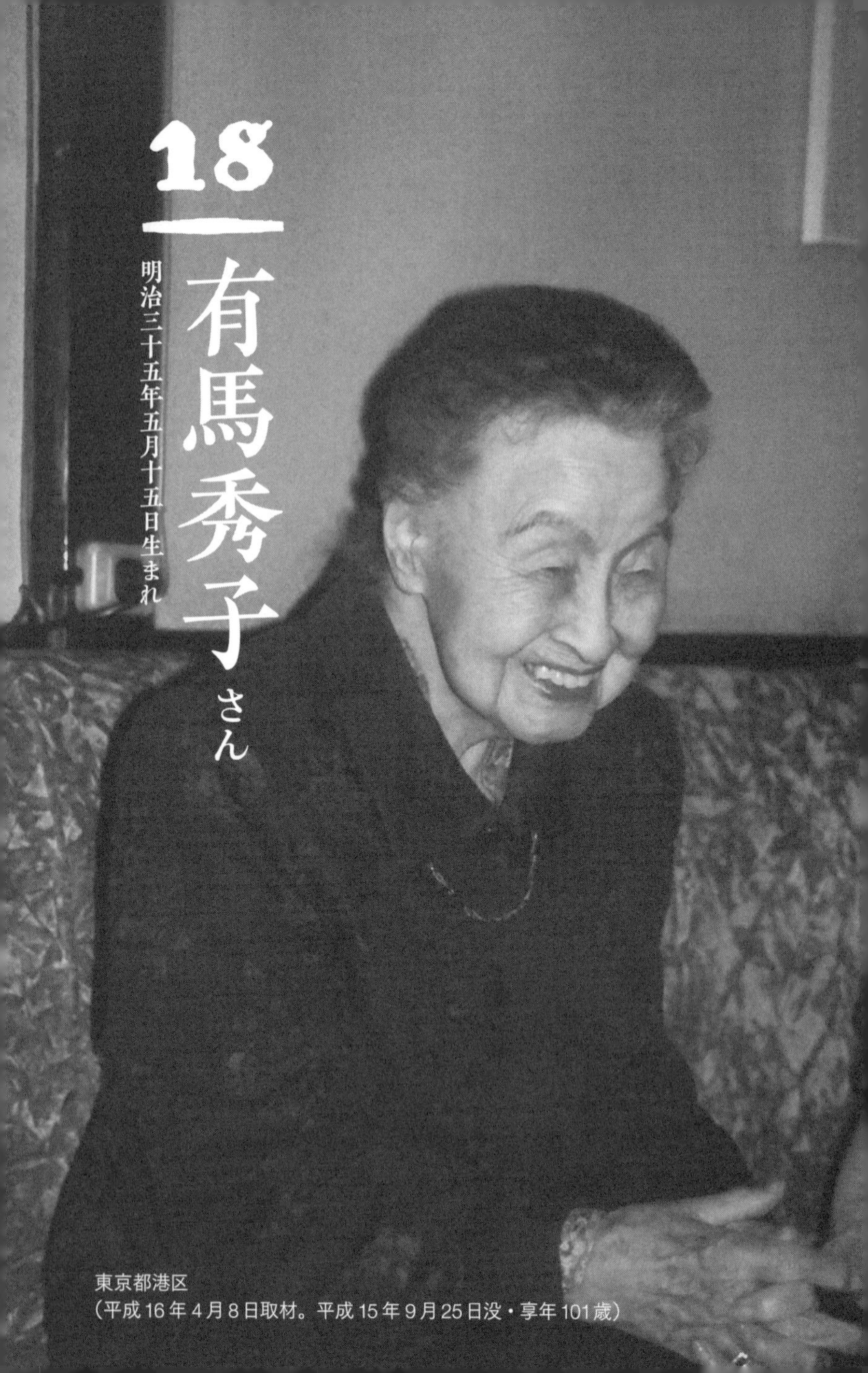

18

有馬秀子さん

明治三十五年五月十五日生まれ

東京都港区
（平成16年4月8日取材。平成15年9月25日没・享年101歳）

初心
忘れず
何事も
一生懸命

《学び》

◆常に心がけているのは、「初心を忘れず」ということ。「人から受けたご恩や、困ったときのこと、自分がいいときのことも忘れてはいけないと思う。
◆私はぶきっちょだから何事も一生懸命にするしかないの。
◆銀座には何百件もバーやクラブがあるけれど、その中でうちの店に足を運んでくださるお客様への感謝の気持ちを忘れずにやってきました。
◆「顔の手入れもせず、髪もぼさぼさのままでいるよりは、いつも身なりをきちんと整えた感じのいい人でありたいわね」

東京・新橋のほど近く、銀座コリドー街にあるバー「ギルビーA」。今年で五十二年目を迎えるこの店で、現役のママを務めていらっしゃるのが有馬秀子さんです。夕方、開店前の店を訪ねると、深いワインカラーのブラウスに、黒のロングスカート。そしてシャネル二〇番のオーデコロンの香りをまとって。上品でシックな装いの秀子さんがいらっしゃいました。

活発でおてんばだった子供時代

今年で百一歳になる秀子さんは、東京・浅草生まれ。女学校卒業までを浅草で過ごし、二十一歳で結婚した後は、甲子園、京都、芦屋、そして再び東京と、幾度もの引っ越しを経験されました。

「子供時代はオチャッピーって呼ばれていたの。東京弁で『おてんば』という意味。言いたいことを言って、あまり控えめではなかったわね」

五歳ぐらいから、両親の強い薦めで日本舞踊や長唄の稽古に通ったという秀子さん。「今と違ってその頃のお稽古というのは毎日あるの。いやでいやでしょうがなくてね。虎ノ門の女学校に通い出してからは、学校が忙しいと言って舞踊は辞めさせてもらったわ」

秀子さんが通った虎ノ門女学館は、当時としては珍しく英語の授業が一週間に八時間もありました。「今振り返っても、勉強は大変だったでしょうね。イギリス人の宣教師の先生に教わったのだけど、授業中は日本語を使ってはいけませんなんて言われて。とても厳しゅうございました」

秀子さんの女学生時代は、「大正文化」といって外国文化が多く入って来た「ハイカラ」な時代だそう。秀子さんも女学生時代、外国映画に憧れ、メリー・ピックフォードという有名な女優に英語でファンレターを送ったことも。「そうしましたら、ちゃんと大きな自分の写真を送って来て、そこにミス・ヒデコ・ノグチ（旧姓）って書いて送ってくださってね。感激しましたよ。また、レコードが聞きたくても日本にないのでわざわざヨーロッパに頼んだりもしましたよ。そうするとシベリア鉄道をゴトゴトと五十日ぐらいで商品が送られてくるんです。海外旅行は、例えばアメリカまで行くのにも船で四十、五十日はかかったと思います。ずいぶんのんびりした時代でしたね」

見合いで結婚し、関西を転々

十九歳で女学校を卒業し、その後二十一歳でお見合い結婚。当時は見合いで結婚する人がほとんど。恋愛結婚は少なく、『あのお嬢さんはだらしがない』と後ろ指を指されることもあったのだとか。「縁あって結婚した主人はとてもすばらしい人だったわ」

結婚後は甲子園（現・西宮市）で三～四年暮らし、一人息子を授かりました。「子供は幼い頃体が弱かったのだけど、そこにすごくいいお医者様がいらしたから甲子園を離れられなくて。主人は、京都にある会社まで毎日通っていたわ」。息子さんが小学校へ入学すると同時に京都へ引っ越し、五年ほど生活。その後、昭和八年頃に兵庫県芦屋市へ引っ越しました。「芦屋にいるときに戦争が始まり、終戦もここで迎えました。浅草の実家も空襲の被害に遭って、家は焼けてしまったの」。終戦後は一家で東京に戻った秀子さん。白金台に家を買い、そこで生活を始めました。

バーのマダムとしての五十有余年

「家にずっといるくらいなら、喫茶店でも始めたら？」という息子さんのひと言をきっかけに、秀子さんは五反田に喫茶店「ギルビー」を開店。ここから五十年以上にも渡る、バーのマダム生活が始まりました。

ギルビーは有名なジンの名前で、旦那さんが命名。開店当時はコーヒーや紅茶を出す店でしたが、客の要望でその後ビールや酒を出す店になりました。昭和二十六年には区画整理の対象となり、銀座へ移転。有馬のAを付けた、バー「ギルビーA」として新たなスタートを切ったのです。

「もう五十年以上お店を続けていますが、辞めてしまおうと思ったことはないわ。私、割合と人間が強情だから、やり始めた以上はやはり続けないと、という気持ちがあってね。それにお客様もみんないい方ばかりで」と、秀子さん。昔から政治家や作家、実業界で活躍する方々など、多くの馴染み客がこの店で楽しいひと時を過ごしていったそう。

秀子さんが常に心がけているのは、「初心を忘れず」ということ。「人から受けたご恩や、自分が困ったときのことを忘れてはいけないし、良い思いをしたことや、自分が良いときのことも忘れてはいけないと思う。それから、私はぶきっちょだから何事も一生懸命にするしかないの。こういう商売も一生懸命やれば、気持ちはお客様に通じるから」

「『ギルビーA』は私の人生そのもの」と、秀子さん。「銀座には何百件もバーやクラブがあるけれど、その中でうちの店に足を運んでくださるお客様への感謝の気持ちを忘れずに、どうすれば喜んでいただけるか、どうすればお客様にお酒を美味しく召し上がっていただけるかを常に考えてやってきたのよ」

悲しみの縁でも店が心の支えに

百年の人生の中で一番心に残っているのは、「息子夫婦を亡くしたこと」と、秀子さん。夫は昭和三十六年に脳出血で他界。そして、十四、五年前には一人息子をがんで失い、その後お嫁さんも脳出血で亡くすという二重の悲しみに襲われました。

「茫然自失となり、自分も死んでしまおうと自殺する方法まで考える日々が続いたわ」。しかし、そんな状態から立ち直るきっかけを与えてくれたのもやはり「ギルビーA」の存在でした。

秀子さんは悲しみのどん底でも、「私を待っていてくれるお客様のためにお店に出たわ。お客様のお相手をすることでだんだんと悲しみも癒されていった」そう。「ギルビーをやっていて本当に良かったと、しみじみ思った」と、秀子さんは当時を振り返ります。

いくつになっても女を忘れない

「いくつになっても女は女」――という言葉通り、シャネルの二〇番のオーデコロンを愛用し、透明なマニキュアを薄く塗った指先が印象的な秀子さん。

「顔の手入れもせず、髪もぼさぼさのままでいるよりは、いつも身なりをきちんと整えた感じのいい人でありたいわね」。牛乳で洗顔したり、保湿クリームでお手入れされたりと、きめ細かいキレイな肌を保つために、さまざまな工夫をされているそう。

　身振り手振りを交えて話すたびにふっといい香りが漂う秀子さん。「人の役に立つために」とひたむきに仕事を続けながらも、女性らしさを忘れない。その姿は、女性として、一社会人として今なお輝いて見えました。

19

福雄勝次さん

明治四十三年三月一日生まれ

兵庫県姫路市出身 大阪府狭山市
（平成19年11月7日取材）

人間は運命しだい
私は三度
死にかけた
数奇な運命の
持ち主です

《学び》

◆戦争中、一番辛かった時期は、最後のジャングルの中での生活です。ジャングルに入ったときは130名いた兵は、13名になり最後は6名に。食べるものはなく、体は骨と皮だけになっていった。それでもかろうじて生き延びた者だけが残った。言葉では言い表せないくらい壮絶な状況でした。

◆「人間は運命しだい」だと思います。

◆数奇な人生だと思うから書き残しておきたい。

◆戦争体験の多くも書き残したいと思っているのです。

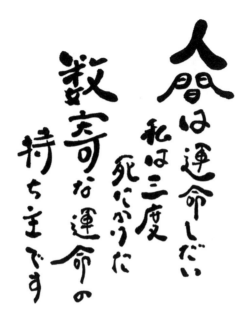

現在、自分の人生や戦争体験を書き残そうと執筆活動をされている福雄勝次さん。「私の場合は数奇な運命」と語る勝次さんは、命にかかわる三度の肺炎と、過酷な戦場を乗り越え生き延びてきました。これまでの人生や戦争体験について伺いました。

教育熱心な家庭で育ち、卒業後は軍隊の幹部候補生へ

勝次さんの生家は、兵庫県姫路市で砂糖メリケン粉の卸業を営んでいました。「祖父の時代からの会社ですが、父は祖父との折合が悪く私が六カ月ぐらいのとき、母と私を連れ上海へ無断で逃避行をしていました。しかし母が双子の出産のためやむなく一同帰国。母の長期療養の間、祖父が相生町（兵庫県明石市）に建てたがっちりした高家風の建物で祖父母と生活を共にしたことは今でもいい思い出です。戦争でその建物が一夜にして焼失してしまったのが残念でなりません」

勝次さんの母親は小学三年のときに亡くなり、その二年後に父親が再婚します。「継母はとても教育熱心だったことと、祖父が学費を出してくれたこともあり、当時では上の学校まで行くことができました。姫路で船場小学校・姫路中学校に通っていました。学費は祖父が私の名義で銀行預金にして、継母に渡していました。当時、姫路中学校は優秀でしたし、思想としては『質実剛健』そのものでした」

その後、旧大阪市立高等商業学校・商部（現在の大阪市立大学）に入学、卒業後は、父の従兄弟が営む「福雄商店」にてアルバイトをします。「昭和五年頃の話です。当時は就職状況最悪で就職先は全くありませんでした」

昭和五年二月一日から、「幹部候補生」として野砲兵第十聯隊（連隊）第九中隊に入隊します。「姫路で現役兵として十カ月の猛訓練を受けました。中学（旧五年制）以上の学歴の者は志願により国に百円を納入して、幹部候補生になりました」

除隊後は、昭和七年四月初旬から早山製油所（現在の昭和石油の前身）大阪出張所に入社しますが、一年半あまりで退社してしまいます。理由は、「若さゆえのロマンがあったから」。勝次さんは、その後すぐに伯父の紹介で英国系の会社のウォーカー合資会社に入社します。「リプトン紅茶、バンホーテンココア、ヘネシーブランデー、ロンドンドライジンなどの輸入のエージェント会社でした。新たに設立の輸出部に勤務。希望を持って入社したものの、輸出先信用状況の不安で業績も芳しくなく整理業務をして辞めました。昭和十一年でした」

その後はドイツ系の「リッカーマン商会」に入社しました。「ドイツ系の会社ですが、日常仕事上ではドイツ語でなく英語で済むので言葉の支障はありませんでしたよ」

戦争へ三度の召集。言葉では言い尽くせぬ壮絶な体験

昭和十二年一月、神戸でお見合い結婚しました。しかし、その七カ月後の八月には戦争（支那事変）に召集されてしまいます。

「昭和十二年七月三十一日から二年二カ月間、支那事変に応召され、北支・中支・山西方面・大別山脈を越え、漢口（中国中部地方）へ。揚子江を南下し、南京の対岸より北上し、北京経由で京漢沿線の警備中討伐隊に参加しました。帰途に、左膝の関節に桟館掃射を受け、今もその傷跡は残っています。しかし、歩行に支障はなく何とか助かりました。そして、ノモンハン方面の停戦成立で部隊帰還となり召集解除となりました」

帰国して二年ほど神戸で働いていましたが、昭和十六年七月三十一日に、再度、京城にて現地召集されます。「輜重兵第二〇聯隊に入隊しました。朝鮮方面軍、陸上勤務中隊長（隊

員約六百名）として、一年間朝鮮各地で工兵隊への協力部隊として働きました」

　昭和十七年八月には、野砲兵第二〇聯隊補充隊へ転属、京城へ。その後、平壌に赴きます。

「昭和十九年九月九日正午頃、真珠湾攻撃に対する仕返しとして、日本が比島（フィリピン諸島）全域に渡り大空襲に遭遇し、船は撃沈されました。この間、唯一隻の桟帆船のみが漂流、漂流中のものはみな移乗したものの、幹部としては私のみを残し、他は激しい潮流関係もあり遺体の行方も知れずでした」

　その後、体制を立て直しカガヤンを経て一路悪路と闘い、やっとの地点にまで達しました。「レイテ島情勢の悪化により、反転せしも甲斐なく再び同島中央部のマライバライに集結。最後の砲撃戦の後、ジャングルに入り奥地『ワロエ』（師団現地自活予定地）に集結中に、八月十五日の無条件降伏のビラを撒かれました。昭和二十年九月十日、それから約一カ月経ったものの、師団長も意を決し、ようやく投降することにしました」

　そして、勝次さんは昭和二十一年三月末、米軍のＬＳＴ（戦車揚陸艦）に上り、ようやく浦賀に帰還しました。「戦争中、一番つらかった時期は、やはり最後のジャングルの中での生活です。ジャングルに入ったときは百三十名いた兵は、十三名になり最後は六名に。食べるものはなく、体は骨と皮だけになっていった。それでもかろうじて生き延びた者だけが残った。言葉では言い表せないくらい壮絶な状況でした。昭和二十年八月十五日の終戦記念日はジャングルの中にいたわけです」

人間は運命。「数奇な運命」を書き残したい

勝次さんが三月に横須賀帰還してから、約十カ月遅れて妻が博多へ引き上げてきました。「そのときはもう乞食みたいなかっこうでした。妻には本当に苦労ばかりさせましたがよく付いてきてくれたと感謝ばかりです。子供は二人恵まれ、上が女の子と下が男の子は平壌の官舎で生まれました。明治四十五年生まれの家内は約二年前に九十四歳で他界しました」

勝次さんは帰還後、神戸の須磨に移り住みました。「姫路は爆撃で一夜にしてやられてしまっていたので。それから、姫路の本家の親戚の家に行ったり、親戚を頼って東天下茶屋で少し住み、妻が帰ってきてからは、堺の滝谷の引き上げ住宅に移り住みました」

仕事は、学友と一緒に商売をし、八十歳まで現役で仕事をしていました。「大阪の谷町にいてそのあと大阪の四ツ橋ビルの九階にいました。工業用機械刃物を扱っていてダンロップや三ツ星ベルト、オーツタイヤ（株）などが取引先でした」

「私の場合は数奇な運命だと思っています」と勝次さん。

「私は三度、肺炎で死にかけています。最初は現役終了後、二度目は昭和六年、十二月中旬

から二カ月あまり急性肺炎により入院しました。四一度の熱が出て死ぬ思いだった。三度目は平成十六年。このときも死にかけていましたのに助かりました。『人間は運命』だと思います。今は、大阪の狭山市に住んでいて、自分の人生を自分史としてまとめておきたいと思って何度も書くのですがなかなか思うように進まず困っています。私のような人生は数奇な人生だと思うから、書き残しておきたいと思っているのです」

今も年に一度は必ず大阪の北御堂に「戦友会」のメンバーが集まるそう。「戦争にまつわる色んな経験をしたものが戦友たちを偲び、集まります。戦争体験の多くも書き残したいと思っているのです」

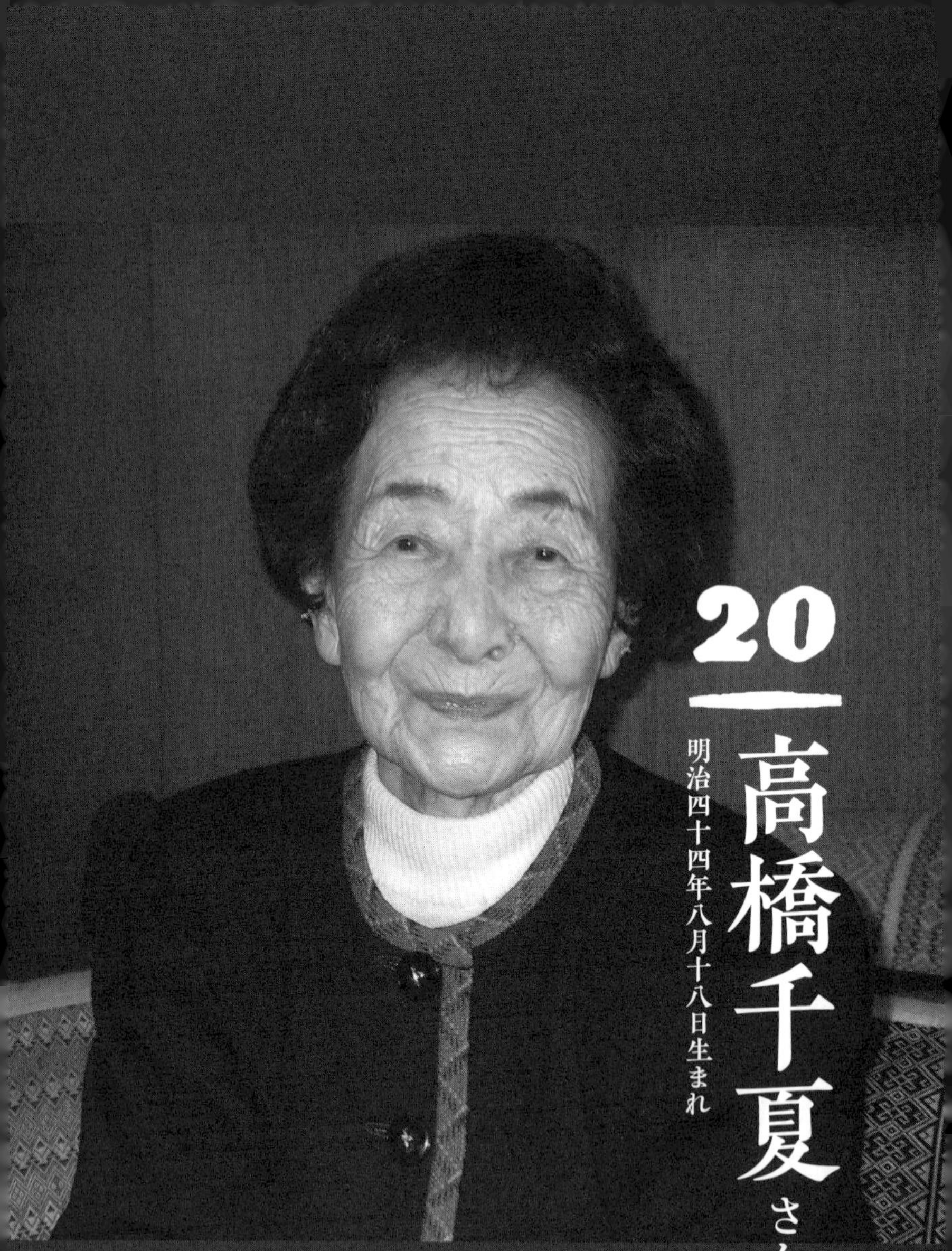

20 髙橋千夏さん

明治四十四年八月十八日生まれ

滋賀県生まれ 京都府京都市
（取材日不明）

自己の利益を
追求している中に
大事なことを
忘れてしまっている
あんなに質素で
恩を感じる
時代があったのに

《学び》

◆お米は一粒でも無駄にしては、目がつぶれるとたしなめられた。土を踏み緑の中で、良い空気を吸って暮らしていた。
◆あんなに質素で恩を感じるなんて遠い昔のこととなった。現代は経済発展に向かって自己の利益を追求している中に、大事なことを忘れてしまっている。
◆里山や田畑を守るためには、万物の生きる循環を助ける習慣があった。
◆「滅私奉公」「贅沢は敵」「産めよ殖やせよ」などの言葉を鵜呑みにして従った。
◆どうして思い上がって戦争を起こしたいという悪魔が日本に取りついたのかよく分らない。
◆無数の人命や動物を殺し、街も自然も地獄となった。核兵器を使う戦争は悪魔の業である。
◆膨大な反省すべき歴史を学んでこそ、明日がある。

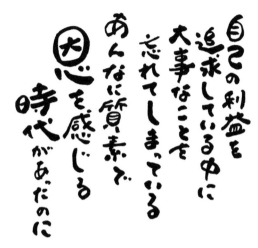

「どんな人ともすぐに友達になってしまうの」とチャーミングな笑顔でおっしゃる高橋千夏さんは、四歳にして一年間のアメリカ生活を経験した帰国子女。女性が外で働くことが珍しかった時代に、仕事を持ち世界を舞台に活躍してこられた「働く女性」の草分け的存在でもあります。

大阪府女子学問学校、平安女学院短大で助教授を歴任された後、アメリカの大学に留学し同校の教授に就任。帰国後、関西学院大学の非常勤講師として、多くの学生に英文学を教えてこられました。

退職後も日本福音ルーテル教会を代表する活動や、途上国の生活改善、女性の地位向上、子供の教育など、世界中で重要な立場からの発言をされています。また、戦時中に非業を免れなかった経験から、戦争防止、核兵器廃絶など、平和を訴える活動も続けておられます。

その人生を自ら手記としてお寄せいただきましたので、原文のままご紹介します。

高橋千夏さん手記『明治生れの回想』

年を重ねるままに昔のことは忘れゆく思いと、反対に八十年も九十年も前の記憶が妙に残っている私的な歴史を残したいという願いが常にあった。今までに小冊子や記事に残したものもあるが、孫からのご縁で、明治生まれに何か聴きたいというお話があって心を引かれた。お目だるいとは思うが、お目通し下さればありがたいことと思って、私の幼年から学生時代、就職、結婚から戦中戦後の思い出を忌憚なく書かせていただきます。

父母の出生地

私は明治四十四年八月に東京で生まれた。父はまだ封建的といってもよい明治十八年に信州下諏訪で生まれ、蚕糸工場を営む旧家の厳格な家庭で育った。四人の姉があり末っ子の男子で、父は学業を目指して上京し理化学を学んだ。結婚し私が生まれて二年後に、当時の農商務省から、米国のニュージャージィ州にあった高峰譲吉博士の研究室に出張を命ぜられ、四年間の米国生活となった。

母は明治二十五年に生まれ、上諏訪であっても諏訪神宮上大社に近い金子という田舎で育った。私にとっては母方に三人の叔父と一人の叔母があった。父が外国で三年の研究後、一年間母と私を米国へ呼び寄せた五歳を過ぎる頃まで、私は母の里で祖父母の家で育った。豊かな自然に囲まれ、大家族とかかわって暮らしたことは、私にとってどんなに良かったかは計り知れない。

祖父母との暮らし

祖父母は早起きで、ご先祖様の仏壇に炊きたてのご飯を供えお線香をつけ毎朝拝んで、祖父は濃い緑茶と梅干を楽しみにしていた。堅実そのもので逞しい祖父は一日中畑に出ていて、米も野菜も自給自足の百姓さんだった。祖母は洗い場や囲炉裏端で忙しく過ごし、心温かく物分りの良いことは、子供心にもわかっていた。お蚕さまの季節には、客間を除いてどの部屋にも蚕棚が所せましと置かれ、時間ごとに桑を適当に与える仕事は大忙しで母も姉さん被りにたすきがけだった。

また私が小学生の頃盆に帰郷したときの思い出と重なるが、先祖を祀るお棚の用意が懐かしい。直衛叔父さまたちに連れられて神宮寺の裏山に登り、カンゾやのぎ、女郎花を取ってきてお棚を飾り、茄子や胡瓜をお供えした。遠くに八ヶ岳を望む縁先には南瓜や糸瓜が実ってぶら下がっていた。

母と米国行きが定まったとき、上諏訪役場へ渡航手続きのためにおじい様は（私はそのように呼んでいた）白い丈夫なちりめんの三尺帯で私をおんぶして、二里以上も田舎道を歩いて街まで連れて行って下さった。私がまだ長距離は歩けないと思われたのだろう。

次の記憶は日本出発となり横浜港で大きな日本郵船に乗り込み下を見ると、突堤には紋付羽織袴でわざわざ長野県から貴男伯父さまが私達を見送りにこられたのであった。義理堅いというべきか、幼子の眼にも心にも鮮やかに残っている。

アメリカでの思い出

母は船酔いして気の毒だったが二十五日の航海の後に、シアトルで迎えて下さったのは蝶ネクタイに白スーツの洒落た父であったのに、私は知らない人に抱かれて、ワァーッと大声で泣いた。ニューヨークまで大陸横断鉄道は五日かかった。給水のために列車は大草原の真中で止まり、黄金色に夕陽の沈む光景を見た。肩まで垂れていた私の髪はパッサリと切られおかっぱになり、米国製の服に変わった。

西洋文化に揉まれ、かなりの思想も開けた父は英語を話せない母に、鯨骨でできたコルセットや当時流行の長スカートの美しいドレスなどを買い求め着方や西洋のマナーなどを教えた。私にも幼女に必要なものを揃えて、子供の教育についても先輩からきいてきたりして、手間もかかり大変だったと思う。

母は日本が恋しくなったときもあると思うが、私は日本語が通じないとわかり、その後、だんだん英語が自然に入ってきて、遊び友達もふえた。一年足らずの滞在であったのに幼稚園に三、四カ月通ったり、教会の日曜学校にも誘われて数人の男女の子供たちと行き、帰りは道草（遊ぶこと）をくったこともよくあった。周囲が好意的であったことしか覚えていない。

アメリカから帰国後、日本での娘時代

父は私を日本娘にしたかったらしい。日本家屋に和服で住むと父は日本男子という本質が蘇ってきて、家庭では父家長主義となり特に母と娘に厳しい家の主人となった。約束の門限に遅れて帰宅するときびしく叱られて怖かった。小学生の頃何か悪いことをして私はよく罰として庭に立たされた。時間がたつと母のとりなしで、私は父の前で謝って、やっと許され

た。あるとき、なぜ立たされたのか理由を忘れてしまって、詰問されて「これからは、そういうことはいたしません」と答えたら、流石の父も苦笑したことがあった。

「嘘をついてはいけない」「謝れば許す」という父の教育方針は正しかった。母は父に絶対服従だったが、時には涙をためていた。しかし、家計は大きな買い物は別として、すっかり母に任されていたのは進歩的だと思った。父はお酒が入ると上機嫌になって昔話に花が咲いたり、家族音楽会が始まった。父は「どどいつ」や「木曽節」。母は古い唱歌「空にさえずる鳥の声、峰より落つる瀧の音」と即妙に歌うのであった。昔気質と思うが民主的な空気も好む父に母はよく付いていった。私の弟妹はまだ幼かったので、私だけが胸に持っている家族団らんの映像である。その家屋も後に述べるが戦時に爆撃で壊滅した。

農家の人々との思い出

女学生の頃、お盆には家中でよく帰郷した。木曽路に汽車がさしかかると私の胸はわくわくしてきた。下諏訪で先祖の墓詣をすますと、母方の田舎で泊り行事を楽しんだ。祖母は「チナが来たで……」と言って大きな錠を下げて土蔵の戸を開け、餅米や小豆を出しに行き、もてなしのぼた餅を作る支度を始めた。集った連中が手伝って餅を搗き、手早やに餅を丸め餡をつけ大皿に盛り上げた。食べ切れないぼた餅はきれいに紫蘇《しそ》でくるんで大きな籠に入れて、涼しい裏座敷の縁側に吊した。

ガスも水道もなくご飯はかまどで蒔をくべて炊いた。水は朝早く小川の水がきれいな間に汲んできて台所のかめや桶に溜めた。食料も自給自足で、お米は一粒でも無駄にしては、目がつぶれるとたしなめられた。土を踏み緑の中で、良い空気を吸って暮らしていた。常には木綿の着物しか着ない質素な祖父母が、私の米国から帰国した際には紫ちりめんに紅梅模様の、両胸に赤い房の付いた被布をこしらえて待っていてくださった。その温情に胸が詰まってくる。

もう一つのエピソードを加えると、私が小学一年のとき香炉園に住んでいたが、近くのお百姓さんが汲み取りにきていた。年末には年中お世話になりましてと黒豆や野菜を持ってきて、お礼を言い母と台所の裏口で話していたのを思い出す。お百姓さんは何と腰が低くて謙虚なことかと子供心にも残っている。今思うと里山や田畑を守るためには、万物の生きる循環を助ける習慣があった。今は身分の差などなくて良いが、水洗で流すだけで後は何も知らない。あんなに質素で恩を感じるなんて遠い昔のこととなった。現代は経済発展に向かって自己の利益を追求している中に、大事なことを忘れてしまっている。これほど日本が戦後努力して発展したのはありがたいが、過去の歴史を学び、日本人として、しっかり前進することが、学校教育だけでなく、社会人としても大切だと思う気になってきた。

戦後の成り行き

女子教育に先見の明があった学長の許で、戦前戦中に就職していた七年がある。当初は女子も国際的にも学びも仕事もできると思い、学業やスポーツ、趣味にも情熱を注いでいたが、それどころではなくなってきた。日独伊同盟が消え、国際情勢もわからぬまま大東亜戦争の中にいた。異様な国情を察する術もなく大きな負担が国民にかかってきた。生活物資は次第に乏しく、「滅私奉公」とだけ教えられ、万歳の声に送られて若者の出生は日ごとに増した。報道は統制され、アジア各地での苦闘や撃沈された軍艦、南方の死闘、生きて帰らぬ特攻隊などの知らせは、日時が経ってから知った。当時国には知者も賢者もおられたのに、どうして開戦に応じたのか分らない。「贅沢は敵」「産めよ殖やせよ」などの言葉を鵜呑みにして従った。どうして思い上がって戦争を起こしたいという悪魔が日本に取りついたのかよくわからない。

戦争末期には私も結婚していて二児の母となっていた。私たちは芋の葉を食べ、薄い雑穀入りの粥をすすり、夫は裁判所へ出勤する際は炒り豆を弁当とし、国民服にゲートル姿であった。遂に昭和二十年六月七日、日本中を荒していたB29の大編隊が大阪北部の豊中にも襲撃して、大量の爆撃弾をしらみつぶしに落として行った。私の実家の庭にも一トン爆弾が落されて、母と弟の家族ら四人が壕の中で爆死した。私は何の助けもできずに、大切な人々を無残に死なせてしまって、掘り出され筵に寝かされている大勢の犠牲者の中で、母の亡きがらの横に立って茫然と涙するばかりだった。翌週には続くしつこい爆撃で、私たちの住居も全焼してしまい、壕から出てみると辺りは焼け野原となっていた。着の身着のままで本当に衣食住を失ってしまった。すべて物は灰となり、ピアノの絃だけが残っていた。

私の提言

戦局は押し迫っていたとき、広島と長崎に二回も、史上かつてなかった原子爆弾が落された。一瞬に上空から落すだけで、無数の人命や動物を殺し、街も自然も地獄となった。核兵器を使う戦争は悪魔の業である。残忍な姿でなくなられた方々や後遺症に苦しむ人に対して、どのように詫び慰めて良いかわからない。戦場で消えた兵士たちと同じ尊い犠牲である。

さらに伝え聞くところによると、終戦後にシベリア、満州、北朝鮮などから引き揚げてこられた同胞の生死をかけた苦悶の歴史がある。長期にわたる危険な道で、何万という人々が衣食住を略奪され、暴行、陵辱に怯えて歩き、遂に栄養失調、暴力、凍死などで亡くなられた方々も多いとのことである。このような多くの犠牲者の霊や悲痛の運命を、どうお慰めして良いかわからず今に至っている。

私が常々思っていたことを、晩年になってはっきり申し上げたい。現代の日本の発展と繁栄は先祖や兵士、戦争で犠牲となった方々が土台となっているおかげであること、それらの膨大な反省すべき歴史を学んでこそ、明日があるのを知らなければならないことである。現代の若者に責任はないといわれ、役人は戦争のできる国にしようとされたいかもしれないが、あれほどの大きな犠牲を払わなければ、日本国は立ち直れなかったのである。戦後は被害や苦痛、悲運は語らない傾向がつづき、語る人々も少なくなった。私は外国で日本の留学生が日本の起こした戦争を知らないで恥をかいた実例を知っている。どうして学校で自国の近代史の事実をしっかり教えて、未来に備えないのだろうかと思う人々は多いと思う。

祖先を尊び、先祖の積み上げたご苦労を偲び、戦争を起さぬように努力するのが償いであり、先祖へのご恩返しになると思っている。学問や経済、政治も平和をつくり出すために、最高の努力をすることが日本だけでなく世界の希望だと考え続けている。

21

永西千代さん

明治四十五年一月二十九日生まれ

兵庫県津名郡塩田出身 大阪市住之江区
（取材日不明）

物事の
はじまりには
お願いします
終わりには
ありがとうを

《学び》

◆脳内出血からの驚異的な回復は、「もう1回歩こう」という気力と前向きな気持ちがすごかったから。

◆「自分のことは自分でしよう」「周りの人に迷惑かけたらあかん」と思うこと。

◆今まで生きてきて嬉しかったことは、みんなからええ言葉もろたことです。

◆ちゃんと名前を呼んでお礼を言う。感謝を忘れない。

◆物事の始まりと終わりは肝心。何か教えてもらう前は「お願いします」と挨拶をきちんとする。そして終わったら「ありがとうございました」とお礼を言うことが大事。

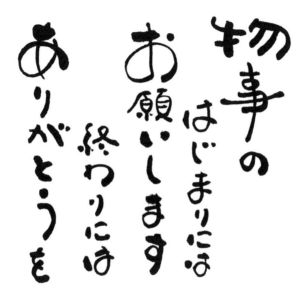

近所でも「元気なおばあちゃん」として有名な永西千代さん。シャンとした姿勢、明瞭溌剌としたお話しぶり。そのご様子を目の前にすると「三カ月前に脳内出血で倒れて歩けなくなったんです」という息子さんの言葉がにわかに信じられなくなる。ニコニコ優しい笑顔と不屈の強さをあわせ持つ千代さんのお話をお伺いしました。

ダンスが好きな女の子

現在、大阪市内で息子さん夫婦とお孫さんと一緒に暮らす千代さん。生まれ育ったのは兵庫県淡路島の漁師町でした。

「父は『代書』といって今の司法書士にあたるような仕事をしていて、母は家庭にいました。兄と妹の三人兄弟。子供の頃はダンスというか、音楽を鳴らしてよく踊っていました。まりつきやお人形ごっこもありましたけど、私は体を動かすのが好きで、みんなで踊るのが楽しかった。海が近かったので、泳ぎも得意でしたね」

学校に通うのも大好きだったそう。「小学校では、読み書きそろばんを覚えるのが面白かった。その後行った女学校では、お花や和裁を習いました。着物を縫ったりいろいろなものを作るのが楽しかったですね」

幼稚園の先生、結婚して大阪へ

高校卒業後は幼稚園の先生に。「村のお寺で子供を集めて教えていました。一緒に遊戯をしたり数字を教えたりね。子供が好きでしたので本当に楽しかった。二、三年やって、できればもう少し長くやりたかったんですけど、結婚の話が出て大阪に来ましたから、それきりになったんです」

結婚したのは二十八歳の頃。親戚が営む大阪松屋町の紙問屋で包装紙やポリエチレンの袋を作るのを手伝い、後にのれんわけで独立。機械を譲り受け住吉で商売を始めます。

「大きなロールで巻いたポリエチレンを切って底をつけて袋にして売るんです。病院などの得意先に入れさせてもらっていました。住吉から松屋町まで配達するんですけど、今みたいに車はないし、配達が自転車なので主人はえらかった（辛かった）と思います。おこづかいが多少は入ると嬉しかったですけど、でも、主人はほんまにえらかったと思います」

女手一つで二児を育てる

千代さんの子供は二人。三十一歳で娘さん、三十六歳で息子さんを出産します。「戦後も変わらず住吉でポリエチレン袋を作って配達して生活していました。音がするのでご近所に気の毒と思いながら、納期に間に合わせるように夜中まで機械をまわしていたこともあります。でも、夜も寝ないで機械をまわしたり、配達したりが大変やったからやと思うんですけど、主人が五十四歳で亡くなりました。それが本当に辛かった。人生で一番辛かったことです」。いつも笑顔の千代さんにも、このときばかりは深い悲しみの表情が浮かびます。

「これからどないしていこうか、なかなか一人では商売もできんしと思って。だけど、子供も二人おるし、元気出さなあかんと。そこから機械をまわして、一人で商売をやり続けました。なんせえらかったですけど、子供らを育てていかなあかんと思いましたし、機械がありましたので、なんとかまわしてやりくりしました。お友達に頼んで配達してもらったこともあります。それで、なんとか子供らが高校出るまで働き続けました」

息子さん夫婦とは結婚当初から同居し、三人の孫の子育ても手伝ってきた。「初めての子育てでいろいろと不安だったけど、一緒にしてもらったので助かりました」とは、義理の娘さん。

前向きな気持ちが長生きの秘訣

九十六歳にして、五キロの米を近所のショッピングセンターで買って自分で持って帰ってくるほど足腰が丈夫だった千代さん。昨年末に脳内出血で倒れてから、一時は左足が動かなくなったものの、たった三カ月でつたい歩きができるまでになり、担当の医師も舌を巻くほどの驚異的な回復力を見せます。息子さん夫婦も「寝たきりになることは覚悟した」そうですが、あっと言う間に退院の運びに。

「退院できたことが本当に素晴らしいと思いました」と言うのは、義理の娘さん。「『もう一回歩こう』という気力があった。その前向きな気持ちが一番すごいと思うんです。周りの人に迷惑かけたらあかん、またがんばらなあかんと、そういう気持ちがあったのでしょう。『自分のことは自分でしよう』と思うことが、一番の生きる糧であり、長生きの秘訣なのかもしれませんね」

物事は始めと終わりが肝心

「今まで生きてきて嬉しかったことは、みんなからええ言葉もろたことです。みんなから

『おばあちゃん、どうや?』『元気にしとるな』といつも言うてもらえるのが嬉しかったです。みなさんのおかげでこないになりましたんよ。みなさんのお力を借りまして、ここまで生きられました」と、千代さん。

入院していたときは、自分の世話をしてくれる看護師さん一人ひとりに、「あなたはどなたですか?」と名前を聞き、全員の名前を覚えたそう。そして「○○さん、ありがとうございます」と、ちゃんと名前を呼んでお礼を言う。自分がつらいはずなのに、お世話をしてくれる人に「ありがとう」と感謝を忘れない姿を見て、息子さん夫婦も改めて感心したとか。

「物事の始まりと終わりは肝心やから」と、以前からよく言っていた千代さん。「何か教えてもらう前は『お願いします』などと挨拶をきちんとする。そして終わったら『ありがとうございました』とお礼を言わんとあかんのです」

22

伊藤ナツコさん

明治四十五年五月三十日生まれ

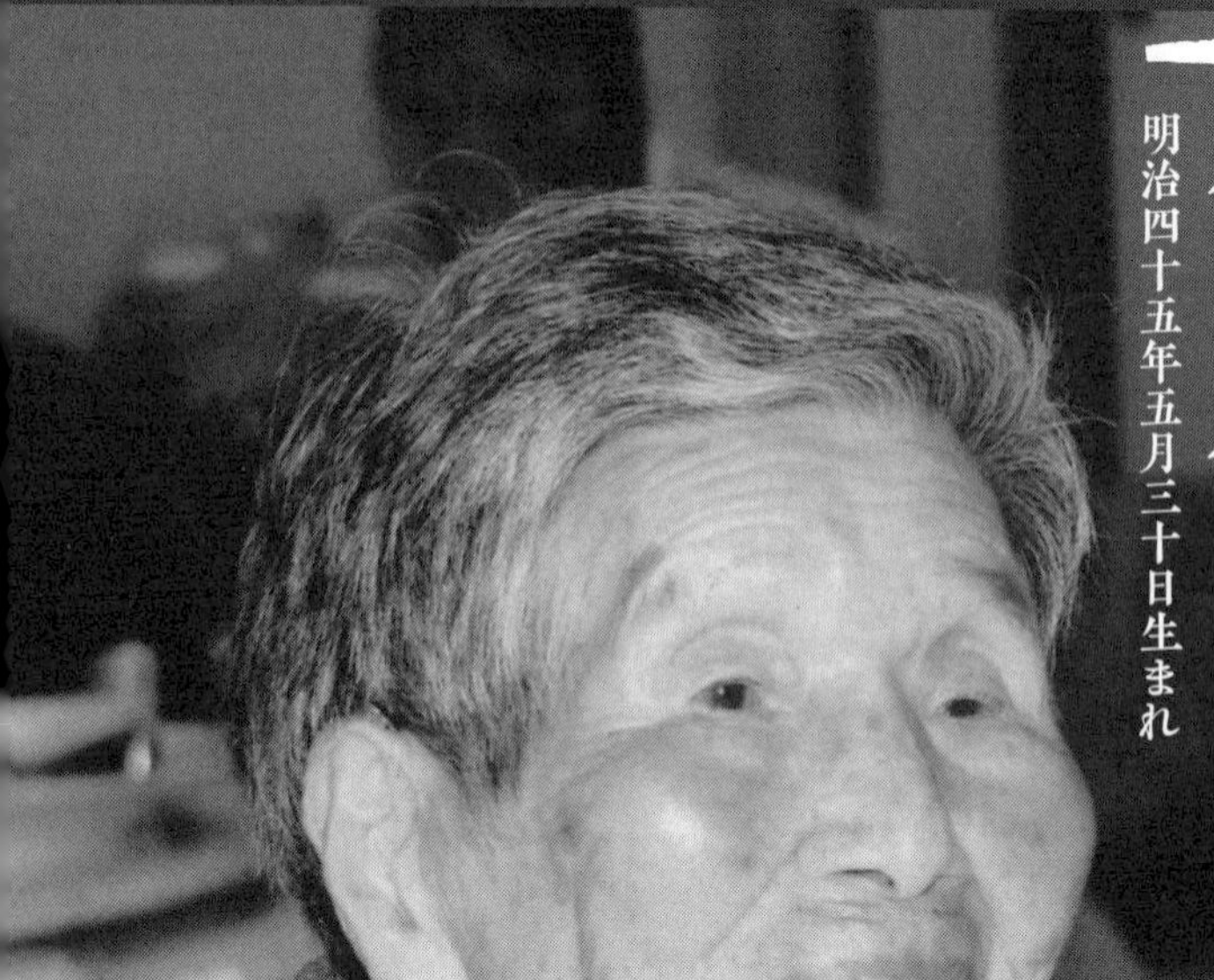

熊本県熊本市（取材日不明）

何でん
好きならん
好きだったら
腹が立たないし
上達する

《学び》

◆元気に勉強と家業の両立を頑張った。
◆何事にも果敢に挑戦。食べたいものは何でも一から手づくりする。
◆100歳過ぎても新聞を毎日2時間読む。
◆何でん好きならん、好きだったら上達する。
◆家族喧嘩で良いことは残らん。
◆くよくよせん！　それより今に夢中になれ。
◆後ろにも目をもつ。これが喧嘩しないコツ。

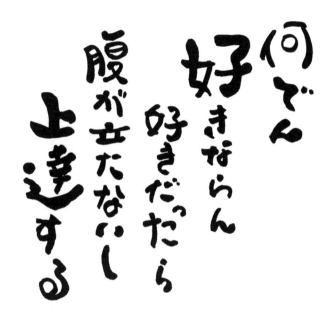

「たーだ気ばってきただけで。何か（縁が）あったとねー。こんな百歳のばばの話を聞いてもらってありがたい」そうこちらを気遣いながら、語り始めた百歳のナツコさん。これから語られるナツコさんの人生を二十六人の孫・ひ孫たちはどれくらい知っているのでしょう……。

小さい頃から気丈で頑張り屋。家業も勉強も全力投球！

「里は菊陽の原水というところね。小学校出ると実業学校（今の農業高校）へ行きました。今の農業学校です。園芸から畜産、果樹、何でも勉強したもの。裁縫の時間が一番多くて、着物の縫い方に始まり、男袴から女袴、みーんな三年のうちに習いましたよ。今どきのもんができるこっちゃない！」と笑い飛ばすナツコさん。

「家は農家だったので、田植えなど手慣れたもの。女の先生に先頭に立ってやってと頼まれてね、女の先生は裁縫ばかりしていて下手くそなので教えてあげました」とこんなエピソードも。また家から学校までは狭い山道を、毎日走って登校していたというナツコさんは、学校が遅くなったときは、先生に引率されて安全な道を遠回りしなければならず、そんなときは「一人でも大丈夫！」と薄暗い近道を、急いで帰ったこともあったそうです。

朝は家の炊事に後片付けを終えて学校へ行き、戻ったら再び家の手伝いが待っていた。田植えや稲刈りなど、家業の繁忙期には学校を休むこともあったそうですが、休めば勉強に遅れて「かいもくわからん」状況に。そこで、こっそり朝礼の時間を勉強にあてるなど工夫して乗り越えました。皆が朝礼から戻ると、なぜかナツコさんが座っている。それでも「足が速いから先回りしたのかな」と皆納得していたのだとか。

走るのが速くて、男の人と本気で勝負も

ナツコさんは負けず嫌い。男子とも競い合い、俵をかついだりしたことも。

「私は走っとば速くて、たいがい負けんかったなぁ。先生にも負けなかったです。でも背は小さいもんだから足のコンパス的にはずいぶん差があったけれど、回転で競っていましたね。それで『ねずみの兵六玉《ひょうろくだま》』なんてあだ名もつきましたよ」

「実業学校を卒業後は、師範学校へ進みたかったんですが、弟が鹿児島の高等専門学校、妹

が裁縫の専門学校へ行くもんだから、私が働いて養いました」

ナツコさんは農業で家計を支え、妹と弟を学校へ行かせました。「おかげで体は強かですなぁ」とナツコさん。何事にも一生懸命に取り組んだ青春時代でした。

夫と八人の子供、姉を支えて大忙しの日々

ナツコさんは戦前に結婚したけれど、一年数カ月で夫は帰らぬ人に、嫁いだばかりのナツコさんは死にたいほど辛かったという。

二度目の結婚は子宝に恵まれ、八人兄弟になった。「夫はけったくろう人（とんでもない人）でも身体は強いひと」。おまけに「仕事せず・うまいもん好き・金つかう」三拍子そろったお人やから、夫の分まで朝早くから百姓の仕事をして、夕方には五右衛門風呂を沸かし、食事の片付けをしてから、夜なべして着物一枚を仕立てることもあったそう。

「長男は私に似て足が速くて野球が大好き。しかし、五十メートルも走るとその場にうずくまるの」とナツコさん。当時の医療技術では、持病の心臓病を治す術がなかったのです。

「戦争で空襲に遭っても無理に逃げず、体をじっと丸めて動かさなかった賢い子でした。二十歳まで生き、可愛くて哀れだったこの子のことだけを今も時々思い起こすの」

戦争直後は、姉が満州から引き上げてきて「何も食いとーなか。(配給は)カライモばっかりや」と嘆く。それなら一緒に住もう!と気丈なナツコさん、夫と八人の子供、姉の面倒をみて朝から晩まで働きどおしで頑張ったという。

なんでも自分でこしらえるの

ナツコさんは、考えるより面白がってやってみる好奇心と行動力を備え持っていた人。「もの好きで何でも挑戦したんですよ。たいがいの人は馬鹿らしかと言ったけれどね」例えば、醤油。「旦那も子も団子やらもちやらが好きで、その味付けの醤油・味噌まで自家製でこしらえたよ。朝三時ころ起きて米ば朝から洗といて陰干しといて十一時ころから炊いて……」と今でも空で行程を言えるほど。また、豚もさばく(つぶすのは男の仕事、さばいて料理するのは女の仕事)。毛以外捨てるところがないほど、きれいに食べる。豚はその頃から滋養の源でした。

またナツコさん、「なんでん(何でも)つくった、焼酎もつくった」とご本人がいうように、カライモアメを作ったあとに出るカスで、何かできないかと考え、思い至って焼酎にしてみると飴の甘さもほんのり香り、これは旨い!と近所でも大評判に。

辛さと惨めさと多くの犠牲。爪痕を残した戦争の話

話が後半におよんだ頃に、ようやくナツコさんが戦争のことを話し始めました。

「B29が最初は三機きて、くるくるくるくる旋回して。それを田舎のおばあちゃんは仰ぎみてぽかーんと突っ立ってた。それで『なすびの中へかがみなっせ！』と避難させたな」

また別の日には、日本の戦闘機がキャベツ畑をめがけて落ちて来て、そんで大豆が干してあるところめがけて突っ込み、家の窓を突き破ったこともあったらしい。

防空壕にみな非難するが「かあちゃん、かあちゃん」と幼い子は出てきてしまう。「仕事もせにゃ、空襲も逃げな、哀れだったよぉ……」とナツコさん。戦争で良いことは何一つもない。体が強いものは強いなりに、弱いものは弱いなりに、辛い思い、惨めさと、数え切れない犠牲しか残らなかったのだから……。

身体はよく使い、お金はなくても気にしない

ナツコさんの孫は今二十六人。毎朝五時半に目覚め、六時半に朝ご飯。その後、新聞を二時間ほどかけて読む。爪も自分で切る。テレビは耳が悪くなってからは大音量なら周りに迷

惑だと、ほとんど見なくなったそうです。

今でもビールをコップ半分ほど飲むナツコさん。ビールは大麦だから体に良いと信じている。「何でん好きならん。好きだったら腹が立たないし、上達する。子供は九人いたけど、子供とは一回も喧嘩をしたことがない。喧嘩は良いことは残らん。悪いことはあとまで残る」。これがナツコさんの信条であり、家庭円満の秘訣。

最後にナツコさん、百歳まで長生きをされた秘訣はなんですか？

「くよくよせん！　したって何にもならない。身体はよく使い、お金はなくても気にしない。ご飯は三〜四杯は食べて毎日働いたから。人間は夢中になったら良かよ。覚えようと思い、何でも関心があることは良かこと。前ばっかり見るのではなく、目は後ろにもないとね」

23

高野留雄さん

明治四十三年四月二十日生まれ

山梨県富士吉田市（取材日不明）

長生きの秘訣は水と太陽と空気そして愛妻の手料理

《学び》

◆明治時代、「間引き」されそうなったから1回死んだと思ってる。一度死んだと思って生きたら思い切りなんでもできた。

◆今がよければいいってもんじゃない。常に30年先取りして考えて行動しているだ。

◆問題があればあるほど、その苦境を乗り切る知恵と力を兼ね備えた。

◆長生きの秘訣は水と太陽と空気。そして愛妻の手料理。

◆みんなが同じ食卓につき、同じメニューを食べられることを、家族は何よりも嬉しい。

◆たとえ何歳になろうと人のためになりたいからな。

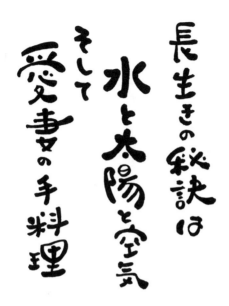

「何でもしゃべくるだよ！　でもな、一世紀やからそう簡単には終わらないだ！」と、茶目っ気たっぷりに話し始めた高野留雄さん。その言葉に、家族からどっと笑いが起こる。親子四世代、賑やかな大家族。その長として、激動の時代を生き抜いてこられた留雄さんに、じっくりとお話を伺いしました。

一回死んだと思えば怖いものはない

明治四十三年、農業を営む両親のもと、九人兄弟の七番目として誕生した留雄さん。出身地は、富士北麓の標高およそ九百四十メートルに位置する山梨県南都留郡忍野村。美しい景観と豊かな自然に恵まれて育ちました。

「明治時代はな、兄弟多いと『一人つぶすべぇ』って、間引きされたんだ。『おろぬき』ってていってな。でも、親戚のおばさんが『男の子だから、もったいないからとっとけ』って生かしてくれてな。わしはそこで一回死んだんだと思っている。そうなると、もういつまで生きたって同じさ。何も怖いことなんかない。だから何でも思い切ったことができたのかもしれないだね」。長い人生、この考えを根底にもつことで、強い自分がいたと留雄さんは言います。

大正十二年、小学校を卒業した留雄さんは、小浜に奉公に出ます。そこで、関東大震災を経験。「田舎の家は丈夫やったので、おっ潰れたところはなかったな。でも、慌てて外に飛び出したら、すずめが道に落ちていて飛べないだ。きっと空気がおかしかったんだな」と、当時の様子をふり返ります。

十五歳の春、二年間の奉公を終えた留雄さんは富士紡績へ入社し、夜間補習学校にも入学。働きながら一日も休まずに三年間通学し、精勤賞をもらって卒業しました。また、五年間早稲田大学の校外生となり、努力を惜しまず勉学に励んだそう。その前向きな姿勢に多くの人望が集まり、自動車労働組合の副会長に就任します。

戦争が始まり、中国へ

昭和十年には、車の運転免許を取得し、バスの運転手として横浜市電気局（現在の交通局）に勤務。ブラスバンド部でクラリネットの演奏を楽しんだり、柔道部で二段を取得するなど、公私ともに充実した日々を過ごしていました。

「そうこうしているうちに満州事変が始まり、支那事変がはじまりって戦争色が強くなって、召集がはげしくなったんだ。それで外地に行けば準軍属になるから召集をまぬがれるっていうので支那に行っただよ」


中国に渡ると済南自動車部に入り、雑穀・綿花を運送するトラック運転手を経て、再びバスの運転手に。そこでは、信じられないことが起こったと言います。「ガソリンが満タンに入っているのに、バスが途中でエンコしてしまうんで、変だなって思っていただ。どうもおかしいっていうんで、夜中バスを見張っていたら、そこに自分たちのコック長がやってきてガソリンを抜いているだ。まわりには、普段私たちを守っている兵隊たちが銃を持って見張りをしている。そりゃ驚いたね。昼間は親日で、夜は反日。戦争とはそんなもんさ」

中国では二人の子供に恵まれましたが、先妻に先立たれてしまいます。現地召集があり、母と子供二人を連れて帰国。それからしばらく後、いそ江さんという良き伴侶を再び得て、長年苦楽を共にすることになるのです。

常に時代を先取って動くこと

日本に戻ると生家の忍野村へ疎開します。電気もガスも通っていなかったため、懇意にしていた電力会社に交渉し、家の近くにも電気を通すと約束させます。「約束しても柱がないと電気は引き込んでもらえないからな。真夜中にばあさんと二人でカラマツでできた電柱を盗んできたよ。ふたりでエッサ、エッサと担いできて、広い畑に電柱おったてな。電気一つ使えるようになるまでには、そんなことまでしただよ」

昭和二十年、日本の敗戦と同時に、当時の勤務先であった都留貨物自動車会社に労働組合を作り組合長に就任。「今がよければいいってもんじゃない。常に三十年先取りして考えて行動しているだ。これまで本もたくさん読んだし、いっぱい勉強して、いろいろな物事を頭に入れてきた。理論で攻められる人って、なかなかおらんかったから、みんなわしに頼んでくるだ」

後に、機織りの時代が到来すると、流れに敏感な留雄さんは一早く機織りの会社を設立。「機織りなら女にもできる。わしが死んでも家内が食っていけると思ってな」。事業のトップに立ちバリバリと働きながらも、常に家族に対する思いやりと優しさにもあふれていました。

苦しいときほど知恵を絞る

困っている人を見ると、放っておけない性格だという留雄さんは、自治会の会長や、老人クラブの会長なども歴任。先頭に立って改革を行い、地域の生活環境改善のために力を尽くしてきました。「物事を進める上では、もちろんいろいろな意見もあるだよ。でも理論で攻めれば、相手は納得するしかないだ」

問題があればあるほど、その苦境を乗り切る知恵と力を兼ね備えた留雄さんの魂には火がつき燃え上がります。この精神で、自分の病気を十五日間断食して治してしまったこともあるとか。「『断食すれば細胞が死んじゃ困るってんで、ものすごく細胞が強くなって病気が治る』って本で読んで知っていたから、医者を説得できたんだ。人間は水だけで四十五日間生きていることがわかっていたからな」

留雄さんは、毎日その日にあった出来事や、気がついたことなどを日記に書き留めているそう。「いつも三十年先を見ているからな。平成なんてきっとすぐに終わっちまうだ。だから墓建てたときも元号なんかじゃなく、世界に通用する西暦で書いてもらっただ。坊主がキリストじゃあるまいしって嫌がったけどな」

義娘の佳子さん曰く、「おじいちゃんは、自分のいうことに必ず確信があるんです。博学ですからね。世界情勢なんかもすごい詳しいから、おじいちゃんの話を聞いていたほうが新聞なんか読むより楽しくて、楽なんですよ」とのこと。

「どえらいことをやる」予定

「長生きの秘訣は水と太陽と空気。なるべく陽に当って、なるべくたくさん水を飲むように。そして山などに行って、いい空気を吸うこと。この三つが一番栄養になるだよ」と言う留雄さんに、家族から「それに、なんといってもおばあさんの愛情がぎゅっと詰まった手料理でしょ」との声が飛びます。少し照れたようにニッコリとうなずく留雄さん。

食卓には毎晩、畑で採れた野菜や、料理上手ないそ江さんが腕をふるう色とりどりの手料理が並びます。それを美味しそうに頬張る留雄さん。みんなが同じ食卓につき、同じメニューを食べられることを、家族は何よりも嬉しく思っています。

留雄さんに「これからの夢」をたずねると、身をぐんと乗り出しながらこう答えてくれました。「どえらいことをやる予定なんだ！　悪者を排除していい者を助ける『黄門市民団体』っていうのを作ろうと思っているだ。たとえ何歳になろうと人のためになりたいからな。あれよあれよでここまできたけんど、それがわしの生きる道だから」

兵庫県西宮市上大市
（平成 20 年 4 月 17 日取材）

24

佐々木フチさん

明治四十四年三月二十日生まれ

たとえ
1cmでも
人の喜ぶことを
してから
シャバに
おさらば
したい

《学び》

◆七夕の短冊に「世界平和」と記した。「あの頃は、日本国中が貧乏じゃった。みんなが食うもんに困っとった。すべて戦争のせい。もう一口に言うてねえ戦争、争うということは絶対にしないことです。国と国、人と人とでも争わないこと。争っていいことは何にもありませんからね」

◆ありがとうという言葉は尊い言葉ですわねぇ。

◆人の喜ぶことをしてシャバにおさらばしたいなあと考えます。喜ぶということは金にも代えがたい。

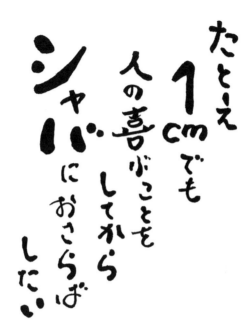

西宮市山の手にある閑静な住宅街。緑豊かなこの町に、佐々木フチさんのお住まいがあります。娘さんと同居、ご近所にはお孫さん一家も住んでおり、ひ孫さんもよく遊びに来られるという、「女四世代仲良く」がモットーの暮らし。インタビューにも、娘さんと孫娘さんのお二人がつきそってくださいました。

文武両道の学生時代

明治四十四年、七人兄弟の六番目として誕生したフチさん。「育ったのは、鹿児島県の栗野町……米永……ちょっと田舎ですね。町から一里あまりあるところ。農家です。まわりはみんな農家」

小学生の頃、かけっこが得意だったフチさんは、リレーの選手として活躍。「連合運動会というて、隣の村と連合して大運動会がありよったです。そのときに選手で出てね。バトンの継ぎ方なども繊細に詳しく勉強するもんでした。それは非常に先生がやかましくいうてね。

時間的に躊躇せんように順調にいくように継がにゃいかん。そりゃ難しいもんでした」

勉強するのが好きで、尋常小学校を卒業後は、「当時みんなが憧れた」中等公民学校へ進学。「縫製科と中等科があって。布団とか、男物の袴とか、和服でも高級なものばかりつくる学校。でも、そういう材料がそろえられんかった。財政がやっぱり、農家はきつかったですからねぇ」との理由で、二年制のところを一年で断念。「もう一年出たかったけどねぇ」

姉妹で助け合って生きる

十六歳で父親を亡くしてからは、「女三人で農業をして自給自足」の生活。「長男はもう分家してたてね。力仕事も自分の体でやりました。その頃は機械がなんにもないしね、難儀しました」

和歌山の紡績工場で働いていたお姉さんが結核を患った際には、命がけで看病に行きました。そこはまさに映画『野麦峠』の世界だったとか。

「姉さんの看病に紡績工場に行ったら年中綿のごみを吸い込んでしもうてなあ。結核にうつる人が多かった。姉を一人置いて帰られなかったですもん。見捨てられなかったですもん。自分も肺病で死ぬんだなあって思っとりました。会社で死にたくない言うんで、引き取って家にかえってなぁ。伝染して兄弟二、三人やられとったです」

「器量はどうすることもできないけど、自分でやれることは努力して負けないという気がありました。やっぱりそういう負けない気があったから、今でもこうだらだら長生きしているんでしょうな」とは、気丈なフチさんらしい言葉です。

結婚直後に、夫が出征

フチさんが結婚したのは昭和十一年、二十五歳のとき。ご主人の家業は羽振りの良い樟脳の製造販売業でした。九州の山のくすのきを買ってチップにして蒸留する。一回の出荷で大きな現金収入を得ていました。お金持ちでしたが、一切田畑を買わないで山から山へ転々とした生活をしていたそうです。

「農家は一年間働いて自分たちが食べるものをつくればいいという時代。一年中苦労してわずかなお金。主人たちは、農家はきつかなあと笑うておりましたよ」

ご主人は「九州でナンバーワンの仕事師」だったそうですが、結婚後すぐに満州へ出征され、三年ほどで病により帰国。その後五年間は療養生活を余儀なくされました。

「腹膜と結核を患って除隊になって帰ってきましたわ。第一線、広東上陸の第一線に立ったんですわ。五年間、何にもせんかったです。そのとき、食べるのに困ってなんもかんも全部売ってしもうた。伝染するから町におられんので山に上がって炭焼きを始めました。そりゃもうたいへんな重労働でしたわ」

明日の米に困って行商に

末娘の入学の年に山を下りてからは行商を始めます。自転車もなかった当時、箱や袋に食料品を詰めて背中に背負って雪の日も売り歩かれたそうです。

「原料を仕入れる金がなかったからね。八人の家族が明日の米に苦しんでおれば、もう手っ取り早い食料品でなかったらあかんかった。行商でないとできんかった」

近年、フチさんは七夕の短冊に「世界平和」と記されたそう。「あの頃は、日本国中が貧乏じゃった。みんなが食うもんに困っとった。すべて戦争のせい。もう一口に言うてねえ戦争、争うということは絶対にしないことです。国と国、人と人とでも争わないこと。争っていいことは何にもありませんからね」

子供に歯噛みさせないために

「とにかく貧乏じゃったけれども、私は力持ちで仕事は速いし男勝りだったからね。どんな状況の中でも、ぼうっとしたり泣いたりしないで闘ってきた」と、力強く言い切るフチさん。役場の方が「あんたもそんなに苦しければ補助をもらいなさい」と勧めてくれたこともあったそうですが、頑として受け取りませんでした。

「子供たちが学校で主席でしたから。上の方から何番とか。町から援助をもらったら子供が学校で肩身が狭いからねえ。子供に歯噛みさせんために、私もきばったんですわー」

「白金も黄金も珠も何せんにまされる宝子にしかめやも」と山上憶良の詩を引かれ、その心を表現されていました。

「ありがとう」は尊い言葉

現在フチさんは、娘さんと一緒に暮らし、週に一度デイサービスを利用しています。

「こんなに長く生きておればね、一生の間には面白いこと不快なことといろいろあります。戦争で苦労したけれども、今はまわりの人たちがよくしてくれるからね。ありがとうと感謝それだけです」

「ありがとうという言葉は尊い言葉ですわねえ。ささいなことであってもありがとうといわれたら邪険なことはできませんもんね。人の喜ぶことをしてシャバにおさらばしたいなあと考えます。喜ぶということは金にも代えがたい」

25 古川欽一さん

明治四十五年七月十六日生まれ

京都府出身 大阪府枚方市
（平成 20 年 1 月 17 日取材）

戦争の悲壮さは
戦地に行った
人じゃないと
わかりませんわ

《学び》

◆実に4回、召集されましたわ。4回も召集されるなんて珍しい。

◆今でもあの光景は目に浮かびます。焼け野原になっていく戦時中に家内と子供を残して戦場へ行くんですよ。いつ戦死するかもわからへん。ましてや、残された家族に手当てもない。こんな酷いことはありませんで。

◆今となってはね、思い出話で話せますけどね。あの悲壮さは戦地に行った人じゃないとわかりませんわ。

◆総じて運がいい、良い人生やったんと違うかなぁ。

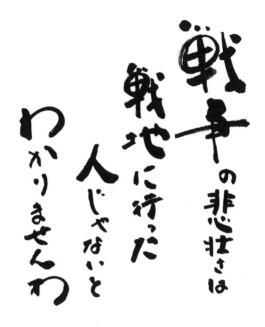

「私が死んでも、おまえは元気でいてくれよ」と奥さまに言うのが口癖になっているほど愛妻家の古川欽一さん。洒落っ気たっぷりの飄々としたお話しぶりから、日々を楽しんで暮らしている様子が伺えます。波瀾万丈なその人生のお話を、貴重な戦争体験談を中心に聞かせていただきました。

水泳と宝塚に夢中の青春時代

明治四十五年、京都で洋服店を営む父母のもとに生まれた古川欽一さん。兄が二人、姉が一人、四人兄弟の末っ子でした。

「小学生の頃でしたなぁ。母親がお寺参りが好きでね。日曜になったら京都の智恩院に坊さんの説教を聞きに行くんですわ。その帰りに円山公園でね、パンと牛乳の朝飯を食べるのが習慣でね。それが子供心に楽しみで楽しみで。母親にようついて行きました」

大正十三年、小学校卒業と同時に引っ越しをし、大阪の中等学校に入学します。「水泳をやっててねぇ。四年生のときに、大阪府の水泳大会に選手で出まして。予選を通って、四百メートルの決勝までいったんですわ。で、決勝ではベタ（最下位）。学校に帰って来たら、周りが『おまえは学校の恥や』と言うわけですよ。私はね、『そんなことあるかい。決勝に残るだけでも大したもんやで』って、言い返してやりましたわ」

宝塚歌劇に夢中になったのも、この頃のことだった。「学校の鞄持ったまま、鞄隠して小遣い持ってよう通ったもんや」と、懐かしそうに語ってくれます。

中等学校を卒業後、就職でジャワ島へ

昭和初期、中等学校を卒業後は就職活動をしました。「その頃は『海外雄飛の時代』言いましてな。今では考えられへん。『卒業したら海外で働け』と言われましたわ。当時、台湾・樺太・朝鮮は日本の領土だったでしょ。満州では日本のお札が流通しているし。パスポートも必要ないから、国内を旅行するようにそこで働けと言われたんですわ」

欽一さんは、ジャワ島のスラバヤにある三菱商事の子会社に就職します。日本やアメリカへ、米やトウモロコシ、豆などを輸出する会社で、朝になると港に出向き船荷の積み卸し作業をしていたそうです。

「現地ではマレー語で会話してました。職場はインドネシア人や中国人ばかりで日本人は一人もおりません。そやから一緒に昼ご飯食べたり、倉庫で顔合わせるうちに自然と話せるようになったんですわ。今でもマレー語は体から抜けませんわ。ジャワ島はそりゃええ国やからね、もういっぺん戻りたいと思いますよ」

二十歳で兵役に。最初の招集は昭和八年

二十歳のとき、兵隊検査のために一時帰国すると、そのまま兵役に。最初の召集は昭和八年、東京の近衛に入隊。昭和十一年まで満州事変、昭和十二年から十四年までを支那事変。昭和十六年からの第二次世界大戦では二度、出兵と撤兵を繰り返しました。「実に四回、召集されましたわ。四回も召集されるなんて珍しいんですわ。本当にね」

支那事変が終戦した昭和十四年に帰国し、翌年に結婚。すぐに新しい家族ができました。

「そんなことはお構いもなく、第二次世界大戦で戦地に赴かねばならなくなりました。そんときの気持ちなんて、そういう経験した人じゃなかったらわかりませんわ」

「大阪の空襲がね、宮川の土手から見えたんですわ。最初はプツンと何かが光って、火の粉がパラパラパラパラパラと雨みたいに降って来たと思ったら、みるみるうちに炎が街の端から端

まで広がって、えらい火の粉ですわ。辺り一面、焼け野原になりましたわ。今でもあの光景は目に浮かびます。そんなときに家内と子供を残して戦場へ行くんですよ。いつ戦死するかもわからへん。ましてや残された家族に手当てもない。こんな酷いことはありませんで」

迎えた終戦。釜山から日本へ帰還

終戦はソウルで迎えました。幾多の偶然と幸運を味方につけて、困難を乗り越えながら釜山へとたどり着き、なんとか帰国の途につくことに。

「『天女丸』いう、手を伸ばせば水面に届くほど底の浅い小さな船にみんなで乗り込みました。太平洋を突っ切って博多を目指しました。海には機雷がぎょうさん浮かんどりました。『お椀（機雷）が浮いとるさかい危ない、こっちの海路で行こう』と選んでいるうちに、博多を通りすぎてとうとう舞鶴まで行ってしもうたんやわ。それで舞鶴に上陸したんですわ」

「戦友はほとんど亡くなってますが、ほとんどが船なんですわ。戦場での戦死よりも、敵軍の潜水艦に狙われた船が海に沈んだために死ぬ人間の方がはるかに多かった。戦地に向かう船は海軍が守ってくれるから、意気揚々として向かうことができるんです。ところが帰国する船は、『おまえら勝手に帰れ』ってなもんで、誰も守ってくれへん。しかも何艘かが一列に連なって帰るわけですけども、一番速力の遅い船に合わせて進むんです。そこを敵軍にドーンとやられる。三艘が連なって進んでるとき、前と後ろの船がやられて私が乗っていた船は真ん中やったから助かったなんてこともありました。やられた船はしばらくはそこに浮いています。それがだんだんと舳先を残して沈んでいくんですわ。それを私らは『南無阿弥陀仏……南無阿弥陀仏……』言うて拝みよったんです。中にはボートに飛び乗って助けに行きよる勇敢な戦友も見ました」

壮絶な体験を、独特の飄々とした語り口で、ときにはユーモアすら交えて話す欽一さんですが、最後にポツリ。「今となってはね、思い出話で話せますけどね。あの悲壮さは戦地に行った人じゃないとわかりませんわ」

経営者としての義理人情

戦後、大阪に戻ってからは、父親が営む繊維関係の会社で働き、五十代で跡を継ぎます。「七十歳まで社長をして兄の息子に譲りました。そこで大変やったのが古くからおる年寄りを辞めさせないといけなかったことですわ。私含めて七人も年寄りがいましたからなぁ」

七人の退職金を合計すると何億円という額に。「そんなんいっぺんに払てしもうたら会社が持ちまへんがな。せやけど、統制経済でずっと苦労も共にしてきた人たちを無碍に辞めさせるわけにもいかしまへんやろ。それで、税務署に退職金を月賦で払わせてほしいとお願いしに行きましたんや」

「辞めてもらった人らの再就職先も方々当たって全部世話しました。その中の二人は、中元と歳暮を欠かさず贈り続けてきよりました。とうとう死ぬまで贈ってきました。わしが酒が好きなの知ってたから、辞めてからもしょっちゅう家にも来てましたなぁ」

ゴルフ三昧のいい人生

九十歳を過ぎるまで現役でゴルフを楽しんだ欽一さん。息子さん曰く「子供の頃、親父が日曜に家にいると、『どないしたんや？　具合でも悪いんか？』って言うぐらい、いつもゴルフに行ってました」。大阪の茨木カンツリー倶楽部をホームコースとし、ほぼ全国のゴルフ場もまわったそう。「茨木カンツリーには、手ぶらで行きよりました。服も道具も春夏秋冬分置いてあったし、受付で『頼むわ』と言うたら全部段取りしてくれましたからなぁ」

「三十八歳からゴルフ三昧。ゴルフが人生みたいなもんやったかなぁ」と冗談めかして、家族の笑いを誘う欽一さん。「総じて運がいい、良い人生やったんと違うかなぁ」

26

三ツ村タツエさん

明治四十三年二月一日生まれ

和歌山県有田郡湯浅町
（平成 19 年 11月 7 日取材）

すべては
ご先祖さんの
おかげ
今はもう
感謝だけで
生きています

《学び》

◆よく働いてご近所の皆さんと仲良う暮らすことです。

◆主人がおおらかで良い人だから好きなことを何十年も続けられた。ありがたいです。

◆けんかはしたらあかんね。良いことは一つもないから。仲良うしなあかんわな。

◆どんなことでも一生懸命させてもらったらそれが一番と思いますよ。

◆家の歴史を書き留める。大事な本や伝統の品は箱にいれて保管する。

◆すべてはご先祖さん、神様のおかげだから毎朝、毎晩ありがとうと感謝する。

家業のみかんづくりと馬喰《ばくろう》を手伝う真面目な働きもの

湯浅醤油とみかんの産地・和歌山の湯浅町に生まれた三ツ村タツエさん。まるで昨日のことのように当時の情景を思い起こすことができます。小学校時代から勉強が大好きだったタツエさんは、家をよく手伝い、家族を一生懸命に支えた。「あの頃の小学校は複式といって一、二年生、三、四年生、五、六年生が一緒になって授業を受けたものです。一クラスは約五十人でね。私は毎朝、家の座敷と庭を掃除してから登校し、学校の掃除当番の日には朝早くに学校の掃除を済ませてから家に戻って座敷を掃除し、それから学校に行きました」

家へ戻ると今度は家業の手伝いです。「十六尋（約二十九メートル）の藁縄を機械で作り、これを使って、藁《わら》のむしろを毎日四～五枚も作りました。小学生の小さい手なので一枚を編むのに二時間以上はかかったと思います。家で採れたみかんに被せるむしろなんですがね」

また、タツエさんの家では、みかん農家のほかに、馬喰（牛馬の売買・仲介）という仕事もしていた。約三十五頭くらいものたくさんの牛も飼っていたそう。「但馬や尾道で生まれたばかりの小さな牛を買ってきて、大きな田んぼを作るお百姓さんに売りに行きました。あの当時は今と違って機械がないから田を耕すのが牛の仕事、そのための牛だね。生まれて数カ月の小さな牛をお百姓さんにわたすと、前に買ってもらった大きくなった牛と交換してもらうの。お百姓さんにお金をもらうと、また大きくなった牛を引き取り、その牛を売りに行く。その手伝いもしたものです」

タツエさんは小学校を卒業すると、二年制の高等小学校に進級しました。月謝は一円五十銭。「小さい頃には、お手玉を着物の袖がすり切れるほど夢中になって遊びました。学校を出てからは、お裁縫も一通り習いました」

芋蔓や大根を混ぜた御飯、いなごを食べた戦時中

タツエさんが嫁いだのは十九歳。先方のお父様が亡くなられたので一日も早く来てほしいと言われ、三ツ村家利大夫から分家した家に嫁いだという。「当時、六一連隊という兵隊さんに行かれたお父様が亡くなられてから嫁いだのですが、初代のお爺さまの方がいっそう厳しく、働くために家に入ったようなものでした。子供は男の子三人と女の子が一人。主人は戦争には行きませんでしたが、軍隊の訓練中は好成績でした」

戦時中、タツエさんの家では百姓をしていたおかげでお腹が空くことは滅多になかったそうですが、役場からの米の配給に、自家の芋蔓や大根を混ぜたり、いなごを焼いたりして、四人の子供たちを一生懸命に育て上げた。

そして終戦。「日本が無条件降伏をしたと聞いたとき、私の主人は放心状態みたいになって近くの海に自転車に乗って磯釣りに行っては、一日中ボーッと海をみて帰ってくる日が何日も続きました。口には出さなくても辛かったのだと思います」。さらに「天皇陛下が心から謝ってくださったから。だから今の日本があるんやでね……」そうつぶやくようにおっしゃった。

九十二歳まで現役でゲートボールを楽しむ

そんなタツエさんの自慢は、六十代後半から二十五年間もゲートボールを続けたこと。七十二歳で指導員の試験も一回でパスし、九十二歳まで現役で続けた。「ゲートボールでは、プレイボール！と大きな声を出して言うんです。指導員や審査員を何年も続けたし、会長も経験しました。私の主人は大らかで良い人だったので、試合があると遠征にも笑って行かせてくれました。だから二十五年も続けられたんです。それもご先祖さんのおかげだと思います」

毎年、みかんの収穫が待ち遠しい

タツエさんは、山々が紅葉で色づく季節になると、自家農園のみかんの栽培の出来具合が、どうしても気になる。「八十歳まで、ずっとみかんを採らせてもらって果実や木の世話もしましたが、今はやりません。邪魔にならないようにデイサービスの施設に入ります。みかんを採るときにはコツがあってね、枝と並行にして上手く収穫しないと、せっかくのみかんもキズものになる。年寄りはどうしても枝を長く切ってしまうから、ダメなんですね……」

今、生きているのもご先祖さんのおかげ

今、タツエさんは長男の隆雄さん一家と一つ屋根の下で暮らしている。同居のお孫さんも嫁をもらい、曾孫が家に二人。残せそうなら残す四世代同居で、孫や曾孫の成長を楽しみに暮らしている。「けんかはしたらあかんね。いいことは一つもないから。仲良うしなあかんわな。それからいつもどんなことでも一生懸命させてもらったら、それが一番と思いますよ。私の嫁ぎ先のおじいさんはその家の歴史をずっと書き留めていました。浄瑠璃も熱心に勉強し、その本を箱に入れて、仏壇の引き出しに入れてちゃんと保存していました。昔の通貨も大事に残しています。大事なことだと思います」。そして最後にタツエさんはこうおっしゃった。「私がここに、こうしてみんなと暮らしているのも、すべてご先祖さん、神様のおかげだから。毎朝毎晩ありがとうと感謝します。今はもう感謝、それだけで生きています」

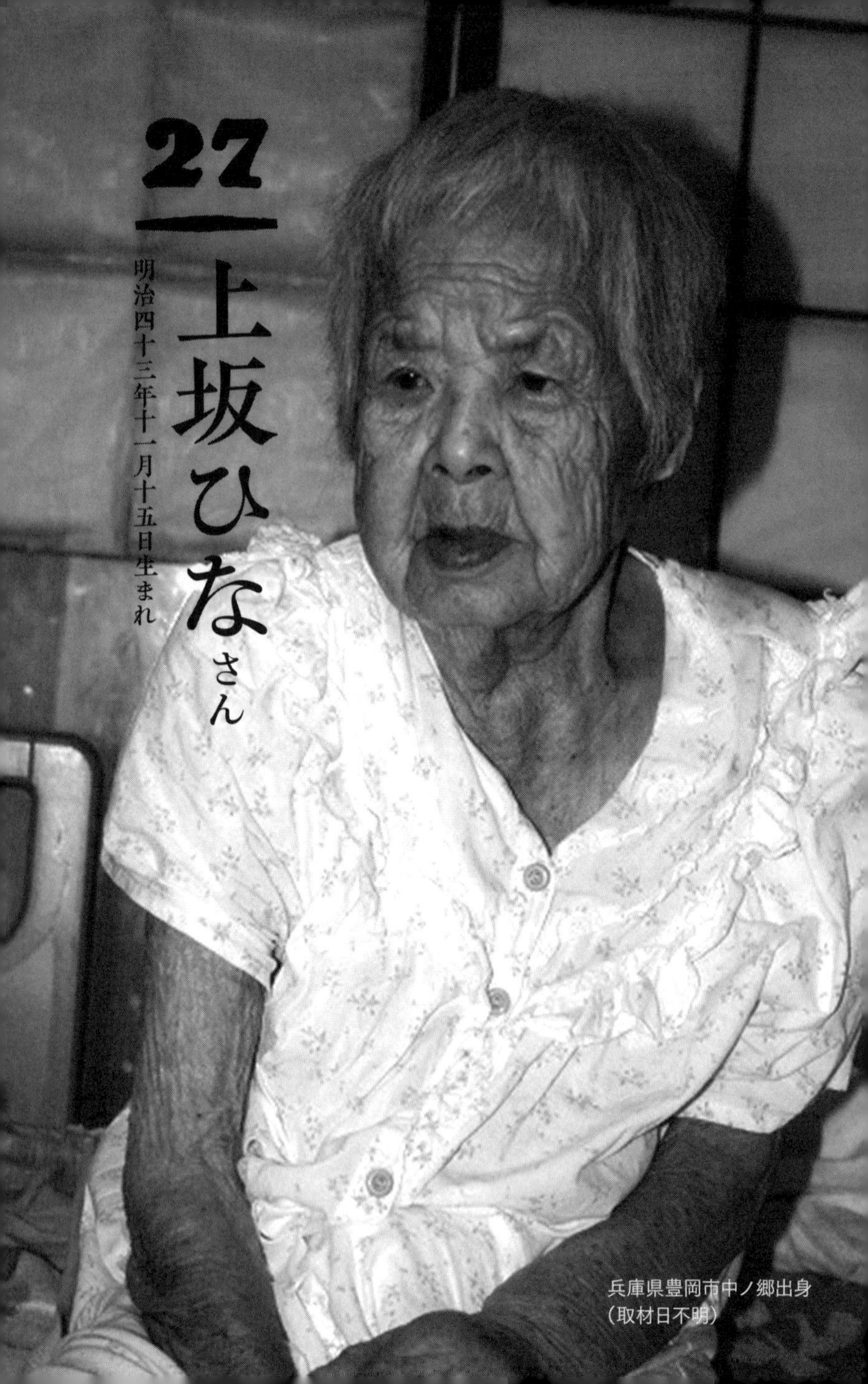

27

上坂ひなさん

明治四十三年十一月十五日生まれ

兵庫県豊岡市中ノ郷出身
（取材日不明）

うちは百歳すぎても
ええもん作りたいなぁと
研究する
欲があるうちは
楽しいんと
ちがうんやろか

《学び》

◆好奇心が強く、小説や映画をみたり、和裁・洋裁など気になったことは何でもチャレンジ！
◆高齢になってもおしゃれ心は忘れない。
◆毎日の仕事（農作業）は日誌として残す。
◆病気は気から。自然治癒力を信じて、リハビリをして自分で病気を治そうとする。
◆日々感謝し、自分は何かお役目があると思って、貪欲に生きる。

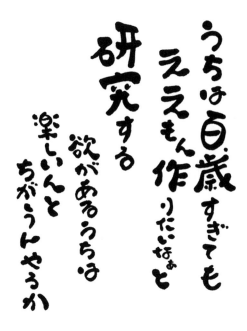

ただそこにいるだけで、おおらかなものに満たされる安らぎがある。長い歳月をくぐり抜けてきた人だけがもつ、強さと優しさと尊さと。側にいると日常のささくれでさえ「気にしなさんな。あるがままに生きなさい。大丈夫だから」と背中をさすってなだめてくれる、そんな気さえも。「まぁ大きいなって」「まぁありがたい」と感嘆詞の多い口癖……。広大な畑の真ん中、ぽつんと一人農作業をする仕草は、腰を低くまるく屈めて、大地を崇拝するようでもあります。そんな百二歳、明治の人・ひなさんのお話です。

くよくよせず自然体で生きる

浅黒く日焼けした肌と意志の強そうな小さくまるっとした濡れた瞳。今年（取材当時）十一月の誕生日で百二歳になるひなさんは人一倍の働きもので、まっすぐに今を生きた明治気質のおばあちゃんです。

「することせんにゃあ、人に笑われる。はよせんにゃあ！（早くしなさい）と歯に衣を着せぬ物言いで人に指図するので、最初は驚く人もいるようですが、その飾らない人柄ゆえに村では社交家でもあるとか。

また、ひなさんの健康のバロメーターは、旺盛な食欲とよく眠ること。「好き嫌いなく何でもたべるから元気。野菜は全部無農薬だで体にいいの。カレイの煮付けに肉じゃが、黒豆も好き。ソフトクリームは風呂上がりに年中食べます」と本人がいうように、ひなさんは入れ歯は嫌いで歯茎をつかって上手に咀嚼。この年齢で家族と同じものを胃袋におさめてしまうから驚きです。

ひなさんは、明治四十三年。四人兄妹の次女として大阪の堂島で生まれました。父母は関東炊きの店を営む傍らで子供たちを育てたそうで、「薪に火をおこして煮物をいっぱい炊いておられましたなぁ」とひなさん。

ちょうどひなさんが二歳になる頃のこと。大好きだった父は流感をこじらせて急死。ひなさんの母は、子供を連れて日高町野々庄の生家へと引き上げ、祖父とともに六人所帯で暮らしたそうです。働く母の背中を見て大きくなったひなさんは、尋常小学校を六年で卒業すると、日高町の郡是製糸（現グンゼ）に住み込みで勤務。桑をつくって蚕を飼い、工場では繭から糸を引いて絹を紡ぐ機織りの仕事に就いていたとか。「糸引きの仕事は、早くようけ

（沢山）作業したから何回も表彰してもらったなぁ。晩には着物や布団を塗ったりして和裁・洋裁も一通り教わった。本も沢山夜なべして読みました」

子供らは百姓家にはやらん！

ひなさんは二十二歳で、市太郎さんと結婚。旦那様の印象は？

「あの頃は、顔もわからなんと親が行け、というから嫁いだ時代やでね。背は低い、そう男前じゃないからね。ほんでも手先が器用な人。俵やふご（竹や藁で編む小物入）、むしろ……どんなもんでも村一番のもんこしらえて品評会では賞をもらってた。そらおじいさんがおる時分が一番楽しかったわな」と、ひなさん。

朝早くから夜遅くまで仕事熱心な夫のそばを離れないで、農作業から家畜を飼う酪農、縄仕事を教わったひなさんですが、慣れない仕事はよほど骨身にしみたのでしょうか。「子供らは百姓家にはやらん！」これが当時のひなさんの口癖だったとか。

そして昭和七年、長女の千恵子さんが誕生。続いて女二人・男二人の子宝を得ます。

「昔は山の根（懐）にたった藁屋根の家でなぁ。煤で焼けた太い柱のそばに囲炉裏があって、焼き芋やかき餅を焼いたり、煮炊きものやらをして皆で囲んだもの……。家の造りは田の字のように居間と八畳間、奥に六畳・八畳あり、そこで蚊帳を吊って川になって寝とりましたね。薪で焚く五右衛門風呂とトイレは別棟。真冬でも履き物をはいて一度表へ出てから用をすませるのは寒かった。屋根裏では藁をもってあがって縄をない、むしろをようこしらえたものです。なんとはなしに、ぬくもりがあったでなぁ藁屋根の家は……」とひなさん。

そして戦後の昭和三十九年、ひなさんの夫は胃潰瘍から胃ガンへと進行し、長い闘病の末に他界。ひなさんは女手ひとつで、農作業はもとより竹工場、縄家、堤防に芝をつける土方まで請け負って男顔負けに働いたそうです。

高齢になっても、おしゃれ心は忘れない

ここにひなさんの根気強さを物語る記録があります。それは何十冊と積み上げられた「農業日誌」。昨年までの日誌を見れば、その作物はいつ種まきをするか、どんな手入れをするのかが一目瞭然。長年の経験と勘が何よりのアドバイザーといいます。

「朝は六時には起きて虫取りをして、暑うなったら昼頃に戻るんだ。帰ったら掃除して、家の人の食事をこしらえて、涼しいなってきたら畑に行く。若いもんには負けんようなもんしたいから苗屋さんや農協の人に聞いて、ピーナッツや中国野菜やら、新種のメロンやらもこ

しらえましたなぁ」

「おばあちゃんのこしらえる、しょうはいめし（炊き込みご飯）、栗赤飯、おはぎ、バラ寿司なんかは近所でも評判やさかいに。昔は海水から塩を採って、ぬか漬けや梅干し、らっきょう、べったら漬、味噌まで手作り。何こしらえても味はいいし、かないませんわ」と嫁の岳子さん。


またひなさんは、旅行こそ命の洗濯だと、中年になると婦人会の旅行や娘らとの旅行にも積極的に参加します。

「西国三十三カ所めぐりには六年かけて行ってますねぇ。雨が降ったら仕事にならんので、誰とはなし温泉によう連れていってもらったなぁ。風呂は気持ちええで、大好きです」。そんなときにはひなさん、真っ赤な紅をさしておしろいをはたき、ハイカラな洋服を来て楽しそうにでかけていかれるそうです。

寿命があるのは全部おかげ

最近のひなさんの暮らしは百一歳の夏に玄関先ですべってころんで頭を打ってから、すこぶるスローペースになった。当時はまる一日意識が戻らず、そこから一週間も朦朧とし、何一つ口にされなかったといいますが、それでもひなさんは見事回復。今は、ベッドの側に孫の写真や手紙を全部もってきて朝から晩まで眺めたり、新聞を端から端まで読んだり。週のうち半分は車椅子に率先して乗ってデイサービスに出かけるのが楽しみだそうです。

「おばあちゃんは家中で一番元気です。九十七歳の時も自転車を走らせておんなったら、軽トラックに飛ばされなってね。タイヤをポンと踏まれなったんやろか、自転車ごと宙に舞い上がり、気が付くとトラックの運転手さんの助手席にちょこんと座っておんなったらしいからね。自転車はぺちゃんこなのにおばあちゃんは大丈夫、そんな漫画みたいな話もあるんですよ。ほんで体調が悪いと何日も食事を口にせず、自然治癒力だけで治してしまわはるから、そりゃあ違うで私らとは」と岳子さんは伝説のような話を次々と聞かせてくださるのです。

「仏さんは毎日拝みますね。事故にあったのも西国三十三カ所を全部まわった翌年だったから、おかげがあったんだろうで……。何かまだお役目があるんろうか。畑はまんだこれから、まだまだせんならん。あんたも元気でがんばりんしゃいよ！　ほんでまた元気に会いにきて。何も持たんとさいさい来てね」そう言って帰り際、パタパタと可愛く手を振ってくだったひなさん。垂れた腕の皮膚と頬の肉までぷるんぷるんと揺らして、少女のように白髪をちょんと短く切って笑われている。いいなぁ、明治の人は時の流れがゆるやか。お側にいるだけで優しい安全地帯に守られているようだ。ありがとう！　ひなさん、また会いにきますね。

28 柳生亮三さん

明治三十八年十月二十六日生まれ

岐阜県揖斐郡出身 広島県広島市
（平成 19 年 11 月 20 日取材。平成 25 年 3 月 31 日没・享年 107 歳）

好きなことを
やっとるだけです
くよくよせんと
希望をもっといいね

《学び》

◆屈辱をうけながらも、忍耐強く頑張りぬけば、大成する。
◆ユーモアの心を忘れず、明るく生きる。
◆貪欲に好きなことを存分にする。何歳になろうとする。
◆自分でできる間は、自分で何でもこなす。
◆自炊は集中力を促し、脳細胞を活性化する。
◆悲観せず、毎日に希望をもって生きる。

柳生亮三さんは岐阜出身の動物学者、専門は原生動物学です。幼い頃は福井、朝鮮へと転校を余儀なくされ、それが辛かったとも振り返ります。晩年は教師の傍らで生物学の研究にのめり込み、多くの専門書を執筆されています。

幼少時代は日本と朝鮮で転校を繰り返す

「親父は横浜税関に勤めていました。東京の外語学校を出た後、日韓併合の時に朝鮮の清心《ちょんじん》の税務長になりましてね」と、話し始めた亮三さん。幼い頃は父の仕事の関係で朝鮮に暮らしますが、小学校では母の郷里の岐阜に戻り、母と兄姉、弟と暮らしたそうです。

「母は活動写真が好きで映画をよく見に連れていってくれました。僕が影響を受けたのはローマ時代の映画で、スパルタカスです。主人公は英雄ですが、僕は小さい頃から心臓が弱く、運動会の時にも一番ビリ。それでも母はお寿司なんかをとってね、観覧席で見てくれましたけど。僕がビリを走るもんですから、みっともなくてねぇ」

運動は苦手でも負けず嫌いの亮三さんは、地元で有名校の旧制岐阜中学に進学。父は喜び、スイスの腕時計を贈ってくれたといいます。

「二年生の時、富士登山がありましてね。僕は心臓が弱いので最初は外されたんですが、悲観して帰ってきたら母が病院で診てもらおうと勧めてくれ、なんとか参加できたことがありましてね。周りの学友は道草したり、騒いだりしていたらしいですが、僕は真面目に頑張ったから頂上に着いたら三等でした」

数年後、亮三さんの兄は腎臓病で他界。母は二人の弟を連れて父のいる朝鮮へ。当時中学四年だった亮三さんは歯科医の元へ嫁いだ姉の家から、旧制福井中学校に通いました。「福井は寒いところだから私の心臓にも良くなかったのでしょう、ひどい脚気になりましてね。足が腫れて歩けなくなったんですよ。それで私もしばらくして、父のいる朝鮮の鎮南浦《ちんなんぽ》公立中学校へ転校しました」

厳しい父の教えどおり、教育者の道を志す

北朝鮮で日本人学校の寮生活を始めた亮三さんは、勉強は飛び抜けてできたが、その地に馴染めず、カメというあだ名の先生とも衝突が多く、腹が立って涙をぽろぽろ流す日も多

かったとか。耐えかねた亮三さんは、学校を辞めて僕はりんご畑で働こうと思う、と父に手紙を出します。すると「何でも我慢せなダメだ。『韓信の股くぐり』という古い諺を知っているか。韓信とは漢で天下統一した名将だが、少年時代にガキ大将に俺の股をくぐれとけんかを売られ、屈辱を受けながらも我慢してくぐった。その忍耐強さから後に英雄なったんだ。我慢しておれ」と諭され、二年は辛抱したとも。

「それでも寮生活は良かったです。毎日歌ばっかり歌っとって。マンドリンなんかもってくる奴もいてね」と、青春の日を懐かしく思う亮三さんです。

卒業後、亮三さんは教育者を志し、東京高等師範学校へ行こうと決めますが、教師の勧めで広島高等師範学校試験を受験。物理や天文に興味のあった亮三さんは、「物理化学」を第一希望、「生物」を第二希望に。結果は第一希望に破れ、「生物補欠」の知らせが舞い込んできたのでした。

ユーモアたっぷりの亮三さんは生徒に人気!

広島高等師範学校時代の亮三さんは、専用の顕微鏡を一人一台与えられ、生まれて初めて微生物の姿を目にした時の感動をこう話しています。「温室の上の水たまりをすくってね、それをのぞいたらゾウリムシやミドリムシやら、いろんな微生物が出てきて面白くて。片っ端からスケッチしましてね。スケッチブックに増えていくんだが名前がわからんから、Aちゃん、Bちゃんと名前を付け、二十六個ではたりないから今度はA'、B'と名付けた。助手の先生は驚くばかりだし、名前を聞いてもわからない。それで外国の専門書を親父に無理言うて買うてもらったら、とうとう生物の専門家になってしまいました」

広島高等師範学校を卒業した亮三さんは、徳島の女子師範学校へ初赴任。約一年半ばかり勤務した後、広島の物理科大学（現広島大学、物理学科）でアメーバーの研究をしたいと申し出ます。しかし、お給金が足りない。そこで考えた末に大連の女学校へ行くことを決めたそうです。

「講堂で私の送別会があったんですが、女生徒がわぁわぁ泣き出してなぁ。『忍び泣き　男先生のお別れ。講堂の乙女ら泣かせし転任』と新聞まで載ったほどですよ」。それほど生徒に人気者だった亮三さんは、今でも教え子が訪ねてきたり、同送会に呼ばれたり。生徒との親交は続いています。

教員同士で結婚、三十歳半ばで

亮三さんは旧制広島文理大学生物学科で生物学を学んだ後に、天津の日本女学校に四年ほど勤務し、その後、尾道市向島の臨海実験所（旧制広島文理大学）で助手として働きます。そんな折に、亮三さんの結婚話が……。

「出会ったのは天津時代です。別にね、特別に話したことはないです。たまたま親切にごちそうを食わせてくれたことがあったので覚えておりましたけど。料理の試食に呼ばれて美味しいと褒めたことがありましてね。親しくしていた体育の先生が『一人でおったら不便じゃろ、丸井先生を嫁にもらわんか』と勧めてくれたというわけです」

小さな島に一人暮らしの亮三さんを気遣った先生や助教授らが、嫁さん探しを買って出てくれたのです。

こうして夫婦は結ばれ、待望の長男が向島で誕生します。瀬戸内海には潜水艦や魚雷が浮かび、戦争が始まった頃のことです。

広島の自宅で原子爆弾投下に遭遇

「三十九歳の頃、広島に原爆が落ちました。僕は向島の東洋工業という自動車部品や飛行機のプロペラを作っているところで、高等師範の生徒を動員していました。八月五日は休暇で広島に借りた家に帰っておったのです。家内も宮崎の実家から赤ちゃんを連れて広島へ戻っていました」

亮三さん一家は、爆心地から二キロ離れたところでいつもと同じ朝を迎え、亮三さんが新聞を読み終わった、その時です。

「あっ！と思ったら屋根が飛んで青天井だった。カーッと光って、ダーンという音がして、タンスが爆風で頭の上を飛んでいった。僕は家に爆弾が落ちたと思ったんですよ。家は屋根が全部落ちて、柱だけでした」。窓の側にいた亮三さんは目にガラスの破片が突き刺さり、片方の目が見えない……。奥様と息子は、蚊帳に寝ていたのが幸いし、九死に一生を得たのだとか。

「その晩は近くの山の麓へ行って寝ました。僕の目に刺さったガラスは夕方に友達が来て取ってはくれましたが、原爆症で何日も下痢。それでも学校に行かにゃならんと思い、道を歩くんだが死体がゴロゴロ転がっていてね。東練兵場を横切る時も学徒動員の生徒が、体は焼けてしまって真っ黒になって……。みんな死んでしまっていました。男性のシンボルがね、空を向いてるんですよ、かわいそうにね。川沿いには女学生がこれまた仰向けですわね。はだかの下半身に誰が乗せたのか瓦がのっていた。川縁にも、黒焦げになってごろんごろんと死体が転がっている。当時の様子は話にならんほどです……」

敗戦後の焼け跡に亮三さんは、バラックの家を建て、次男が生まれます。亮三さんは定年まで広島大学理学部で教鞭を執り、昭和五十六年まで十一年間、比治山女子短期大学の教授を務めたと話します。

百歳過ぎても自炊し、自動車も運転する

亮三さんは、今はこれまでの研究やスケッチを本にしようと論文執筆に忙しいといいます。また自動車は自分で運転し（百四歳まで運転）、自分でトンカツもあげます。ヘルパーがやってくるのは週に二日。以外の日は自炊をし、郵便局や銀行などの所用も人には任せず。またある時は海外の学会にも出かけていきます。

「天皇陛下が見つけた新種の生物を頼まれて本にまとめたりもしましたね。新種の生物や珊瑚についている寄生虫の話をするために、二度ほど皇居に招かれた。天皇陛下が珊瑚にびっ

しりとつく寄生虫の名前がわからないから直接に話したいと言われたそうで。まだ記録がない虫だったんですが、陛下は熱心に質問されたので四十分あまりの御進講をしました」。亮三さんは、後にその新種の寄生虫をまとめ「伊豆半島沿岸における新島の吸管虫」として、英語・ドイツ語、ラテン語で発表。陛下崩御の大葬儀にも出席されたそうです。

「家内は九十一歳で亡くなりました。一年ほど入院しており毎日車で見舞いに行き食事や身の回りの世話をしました。家内とは、ものはいわなくても心が通じていた。最後まで僕を尊敬していました。教訓なんて偉そうなものはない、好きなことをやっとるだけです。くよくよせんこっちゃな、希望を持つこと。これだけはせにゃと思ってね、悲観せんこっちゃな」

亮三さんは、自炊は集中力が養われて脳細胞に良いからと毎日三回は食事をこしらえ、健康のために冷水摩擦をし、現役の研究者として暮らしてらっしゃいます。

29

村上きんさん

明治四十年十一月十日生まれ

岐阜県出身 大阪府（平成20年2月29日取材）

家族がいて
自宅でこうして
毎日子供たちが
来てくれるのが
一番嬉しいです

《学び》

◆今だったら死なない病気で、3人の子供が死んだのが一番辛かった。戦争の時分のことだからどうしてやることもできんかった。辛かった。

◆90歳過ぎてもずっと何か仕事をし続けるくらい仕事が好き。

◆手を動かして仕事をするのが張り合いがあって好き、働けるのがありがたい。

◆家族がいて、自宅でこうして毎日子供たちが来てくれるのが今一番嬉しいです。

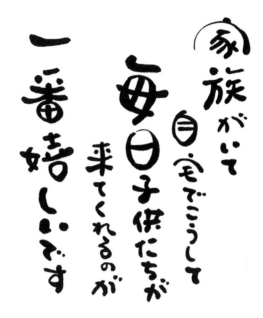

大阪にお住まいの村上きんさん。縁起の良いお名前について、「母の友人に『きん子』さんという名前のすごくいい人がいたので、その人からもらって最初は『きん子』だったの。けれど、当時は『子』がつく名前が少ないから役所がとってしまって『きん』になったんよ」と、驚きのいわれを教えてくださいました。

役者に誘われた子供時代

明治四十年に生まれた村上きんさんは、兄弟四人と岐阜県で育ちました。「小さい頃はお手玉や毬をついたり、でもあんまり遊ぶってことはなかったね。小学校は昔のことだから六年生まで行っていました。私は目が大きかったから『目玉の看板』だって、男の子にからかわれましたよ」

はっきりとした顔立ちのきんさんには、小学校三年生のときに役者にならないかという誘いがあったそう。「父は賛成しておりましたが母が反対してやめました。母は田舎の人だったから厳しい人でした。しっかりした母でした。母が反対しなかったら今頃役者になっていたかもしれません。父は役者の舞台関係の仕事もしていましたから、私を役者にしたかったようですね」

父と同じ陶器づくりを仕事に

出身地は、陶村（現在の瑞浪市）という名前からもわかるとおり陶器・美濃焼の産地。父親は陶器をつくる職人でした。きんさんも、小学校卒業後は父の働く会社で同じ仕事に携わりました。

「誰にも話したことがないけれど、陶器の会社の社長の弟さんが私のことを好きになってくれて、交際していました。でも、私の母が『その人と結婚したって一生苦労せんならん。あんたを女中さんとして使いはるだけや』そう言うて、反対されました。反対されましたが、その人から時計なんかも貰ってね。その時分、娘が時計なんてはめることなかったけれど、映画やなんか見に行くときにははめて出かけたり。でも、結局その人は、私の同級生の偉い方の娘さんと結婚しました」

横浜で結婚し、東京へ

その後、横浜のいとこの旅館で働いていたきんさんに、旅館に下宿していた石屋の職人さんとの縁談が持ち上がり、二十三歳で結婚。「横浜の写真館で長い間結婚式のときの写真を飾ってもらっていたのを覚えています」と、懐かしそうに目を細めます。

「主人は鳥取出身でしたが、石屋でしたので横浜で銀行やなんやらの建築の仕事をしていました。しばらくすると知り合いから東京で仕事をしないかという話が出て東京へ行きました。主人は東京では、宮内庁関係の仕事もしたようです。そして、東京で初めての子供ができました」

大阪で過ごした一番辛い戦争時代

東京で子育てをしていたきんさんですが、今度は弟さんから大阪で電気の仕事を手伝ってほしいと頼まれ、一家で大阪の堀江へ引っ越します。

「大阪で、子供がさらに男の子やら女の子やら三人ぐらいできまして。そうしているうちに戦争が始まりました。東京で生まれた十歳の長男を盲腸で、下の女の子も二人亡くしました」

「よしこは牛乳を飲んだらお腹が痛いと言い出して、病院に入院せなあかんというときに亡くなりました。三歳でした。ひでこは風邪で肺炎を起こして二歳のときに亡くしました。長男はやすろうという名前でした。今だったら死なないけど、戦争の時分のことだからどうしてやることもできんかった。辛かった。長い間生きてきていろいろ苦労したけれど、やっぱり一番辛かったのは子供が死んだときです。本当に辛かった」

鳥取へと疎開、必死に子育て

戦争が悪化し、食べることも不自由になったため、「お父ちゃんの田舎へ帰ろう」と、一家は鳥取県へ疎開します。

「主人は石屋だから、鳥取では建築なんかはできへんでしょ。だから石塔なんかを立てていました。私は瀬戸物のできるところの子供ですから、百姓の仕事なんてしたこともなかった。山へ行ってキノコをとったり、みんなに教えてもらいながら畑を耕したりして子供を食べさせていました。着物を食べ物にかえたりもしました。でもね、今から考えたらそれでよかったの。だってね、今着物なんてみんな着やせんからね。着物持っていっては食べ物にかえて、子供大きして。苦労しました。戦争のために」

空襲を避けるため防空壕の中にいたときのことを、「中に座っておったら、外で誰かが転んだの。そしたら中の人がな、『村上さんが転んだ』って。そしたら奥の方で『私はここにおります』ってお父ちゃんの声がして。お父ちゃんが死んだと思ったから、お父ちゃんの声を聞いたときはほっとした」。そのときの気持ちはとても鮮明に記憶しているそう。

九十歳でも働くのが好き

終戦後は鳥取の製材屋へ。「朝は四時半か五時くらいに起きて子供の用意をして、子供を送り出したら会社へ行ってね。二十年くらい勤めました」。それからまた大阪へ戻り、現在に至ります。

「五十代の頃には昼間近所のお宅へ女中で働きに出たこともありました。六十歳を過ぎてからはゴルフ場の喫茶店で働いていました。孫ができてからは孫の幼稚園の送り迎えもしましたよ」

とにかく「働くのが好き」なきんさんは、「じっとしていることが嫌いでね。お金でなくて、働く癖がついているから、何かしないと逆に落ち着かないんよ」と、言います。

八十歳過ぎのときには、温泉に行く途中で内職募集の張り紙を見つけ、「家族に言うたら働き過ぎや言うて怒られる」と思い、一人でこっそり応募へ行ったことも。九十代は傘の内職をしていたそう。

健康のために気をつけていることは特にないそうですが、「手を動かして仕事をするのが張り合いがあって好き」「働けるのがありがたい」。

その言葉に、長寿の秘訣があるようです。

子供と孫に囲まれて幸せ

百歳で迎えた敬老の日には、安倍総理大臣から賞状と祝百歳というお皿をもらったそうで部屋に飾られてました。枕元には可愛らしいお人形も飾ってあります。「娘が昔作ってくれた人形なんです。ちょっと娘に似ています」と、優しい笑顔で教えてくれました。

「子供を八人産んで、四人亡くなり、四人元気でおります。ひ孫はようけおります。二十人以上います。長い人生いろいろ苦労してきました。戦争のためにね。でも、みんないい子に育ってくれて、ようしてくれてね。家族がいて、自宅でこうして毎日子供たちが来てくれるのが今一番嬉しいです」

30

谷野ヨシヱさん

明治三十七年六月六日生まれ

大阪府八尾市出身 大阪府柏原市
（取材日不明）

※谷野様は、この取材後数日で老衰のため亡くなられましたが、ご家族皆様、取材をとても喜んでくださいました。

まだ
生きさせて
もらってますねん
こうして
生きてるのは
皆さまの
おかげ

《学び》

◆長生きの秘訣は毎日大きな声で歌うこと。

◆ご先祖様、ありがとうございます。お父さん、いつでも迎えに来てください。阿弥陀如来様、ありがとうございます、と言ってから床に就きます。

◆息子の嫁である公美さんが来てくれた日が人生で一番嬉しかった。今あるのは公美さんのおかげと手を合わせる。

◆心から感謝し、おかげさまと喜び、相手をほめると人間関係（嫁姑関係でも）必ず良くなる。

「歌が好きなんですよ。よかったら聴いてみてください」

嫁である公美《くみ》さんがそう言うと、ヨシエさんはびっくりするほど大きな声で歌い出した。詩吟、浪曲、演歌など、歌なら何でも大好きで、いつも楽しそうに歌っているという。数年前に下半身が動かなくなってからベッドでの生活を余儀なくされているが、体はいたって元気。食欲も旺盛で何でも食べる。おかゆや流動食のようなものも好まず、「お米がいい」と、咀嚼して食べるものでも全く平気なのだとか。

お腹からしっかりとした声を張り上げるヨシエさんは、なんと百四歳。体は元気、歌も歌える、だが、やはり昔の記憶はなかなか呼び起こすのが難しいようで……。

公美さんが谷野家に嫁いできた頃に聞いていた話などを織り交ぜながら、ヨシエさんの人生を振り返ることにした。

二十二歳で結婚、ぶどう酒造りの谷野家に嫁ぐ

ヨシエさんが生まれたのは、明治三十七年。八尾市の沼というところで育った。六人兄弟の長女だが、ヨシエさん以外は既に亡くなっている。

「私の住んでいた所では、まだ小学校なんかなかったから、みんな読み書きなどは近所のお寺で習っていて、あいうえおから教えてもらってね」

「子供の頃の遊びって言ってもね、手鞠をつくとか、石遊びとか。今みたいにおもちゃなんかないしねぇ。自分たちでいろいろとこしらえて遊んでいたかなぁ」

その後、二十二歳で結婚するまでの間には「お針」の学校へ通い、結婚前には二、三年、親戚の家に花嫁修業のようなことをしに奉公に出ていたという。

二十二歳で結婚し、大阪府柏原市の谷野家に嫁いだ。

「車に乗って、堤防で降りて歩いてきた。大八車に荷物を積んで、箪笥や行李を担いで歩いてきた」

嫁いできた日のことを思い出し、ヨシエさんはそう語る。

この辺りの地域はブドウの栽培が盛んで、谷野家も広いブドウ畑を持っている農家だった。

そのブドウを使い、ぶどう酒（ワイン）を製造していたため、収穫から製造時の夏にはたく

さんの人を雇う。収穫し、発酵させ、漉して瓶詰めしていく。暑い中の作業であり、当時はすべて手作業。瓶も一つひとつを手で洗い、煮沸するなど、かなりハードな仕事であった。この時期には親戚も集まって手伝ってくれたという。

ヨシエさんの役目は、ブドウ畑で働く人たちへの食事作りとそれを運ぶこと。これもまた重要な役目であり、大変な仕事だった。

待望の男の子を産み大喜び、その息子がお嫁さんを連れてきたときが私は何より嬉しかった

子供は三人授かったが、真ん中の子はわずか三歳のときに亡くなった。このとき、本当に辛くて悲しかったのは当然だが、その後は長い間子供もできなかった。ヨシエさんが三十九歳のとき、待望の男の子が誕生。歳をとってからの子供、それも男の子であったため、ヨシエさんたちは大変喜び、かわいがったという。この息子さんのところにお嫁に来たのが、今、ヨシエさんのお世話をしている公美さんである。

「生きてきて何が嬉しかったって……。息子がお嫁さんを連れてきて、顔を見たとき。あのときが本当に私は嬉しかった。ありがたい、ありがたい」

そんな言葉を聞いて、公美さんは恥ずかしそうに笑うが、ヨシエさんにとっては何よりも嬉しかったことなのだろう、何度かこの言葉を繰り返していた。

永きに渡り、厳格なご主人に仕え続けた人生

ヨシエさんの夫は社会的に地位が高く尊敬できる人だったが、その代わり非常に厳格で、ヨシエさんも公美さんもしょっちゅう怒られていたらしい。ヨシエさんも記憶を辿り、「怒られたのは辛かったなぁ」と思い返す。けれど、「外で気を遣う仕事をしていた人やからと、家の中で気難しくなることは仕方ないと理解していた。

それに、公美さんは、「今でもお義父さんが生きていたらなぁと思うんです。何か困ったことがあったときも、お義父さんが生きてたら相談できたのにと思ったり……。今になってみたら、なんで怒られていたのかもよくわかります」と言う。

それほど偉大な人物であり、それを支えてきたのはヨシエさんであり、途中からは一緒にサポートしてきた公美さんだった。

十七年前、八十九歳で亡くなる前には、ヨシエさんに「今までありがとう」と、人生を共にした感謝を言葉にしてくれたという。

老後の楽しみは、詩吟や手芸や旅行

ヨシエさんの老後の楽しみは、近くのお寺で詩吟を習うことだった。そこの奥さんにアートフラワーや刺繍、ビーズなど、いろいろなことを習ったという。また、旅行にもたくさん出かけた。ヨーロッパなど外国にもたくさん旅行した。これはヨシエさんの大切な思い出だ。

ヨシエさんが百歳を迎えたときは、市役所からもお祝いがあり、市民の前で詩吟を披露した。その元気な姿にはみんなが勇気付けられたことだろう。

本当の親子以上の嫁姑関係

一通りの話を聞いた後、「ヨシエさんはどんな人ですか?」というこちらの問いに、公美さんはこう答えてくれた。

「明るくて、褒め上手です。嫌味や人の悪口を言いません。いつもいろいろなことに感謝して、喜んでいる人です。私は自分の本当の母はまだ小さな頃に亡くしているんですが、お義母さんとはもう四十二年一緒です。これも何かの縁だと思っています」

ヨシエさんは毎日大きな声で歌を歌う。公美さんもそれに合わせて一緒に歌う。

「公美さん（お嫁さんのこと）に申し訳ない。本当にいろいろ親切にしてくれてありがたい、ありがたい。こうしているのは、公美さんのおかげ」

また、毎日亡き夫に手を合わせ、「ご先祖様、ありがとうございます。まだ生きさせてもらってますねん。お父さん、いつでも迎えに来てください。阿弥陀如来様、ありがとうございます。お父さん、休ませてもらいます」と言ってから寝るのだという。

百四歳。明治、大正、昭和、平成と生きてきたヨシエさん。息子の嫁である公美さんが来てくれた日を人生で一番嬉しかったと語り、何度も手を合わせる。

31

松原泰道さん

明治四十年十一月二十三日生まれ

平成元年 第23回仏教伝道文化賞受賞
東京都（平成19年取材、平成21年7月29日没・享年101歳）

自らを光とし 自らをよりどころにする

《学び》

◆「自らを光とし、自らをよりどころにする」。やっぱり頼りになるものは、深い意味で自分しかないわけです。

◆「転んでもただでは起きない」の意味は、欲の深い言葉ではなくて「転んでも何かをつかむ」いい意味だ。

◆ともに一緒に泣くっていうことが相手を立ち上げさせることになる。

◆「今の時代は、人の痛みがわかったり、物事に感動したりできる感受性のある人が少なくなってしまった」

◆我執がとれれば何のことはない、仲がよくなる。

◆明治の人間の生き方のいいところは、「丹精」だと思っています。

◆老いたるは自信をもちなさい。老いたるは美だ。

◆「人生は、結局途中で終わるのよ」と松原さん。「宇宙には太刀打ちできない」

松原泰道さんは、東京都港区にある龍源寺住職。昭和四十七年出版の『般若心経入門』（祥伝社刊）が記録的ベストセラーとなり、第一次仏教書ブームのきっかけを作りました。平成元年には、第二十三回仏教伝道文化賞を受賞。

人生は、転んで何かに気づくもの

「仏教っていうのは、苦労人の宗教です」と松原さん。「釈尊も幼くして親と別れています。まあ、これは宗教は大抵そうでしょう。キリスト教でもそう。宗教には、底の深い人生があるんだってことを、若い方に知っておいてほしい」と話す松原さんの声は、九十六歳（平成十九年当時）と思えないほど快活で明瞭です。

「釈尊は晩年に、ほとんど一つの話しかしておられなかった。それは何かというと、『自らを光とし、自らをよりどころにする』だけだったんです。やっぱり頼りになるものは、深い意味で自分しかないわけです。そして、そういうことは何かに行き詰まったときに気づく。

自分の力のないことをハッと知り、気がつくもんなんです」

人生には挫折や困難がつきもの。「転んでもただでは起きない」という言葉は一般的には欲の深い言葉となっていますが、松原さんは「転んでも何かをつかむ」いい意味だと言います。「転んだことで何かプラスになる目覚めがあってほしいという意味です。自分が至らないから、お釈迦様につまずかせてもらったと考えよう。何とか自分で立ち上がれよ、ということでもあると思うんです」

そう考えると「転ぶ」ことも悪くない。「それに、お釈迦様は転んだときに手を貸すこともあるかもしれませんよ。子供が転んだときに『一人で起きて』と言う母親は多いですが、あるとき、転んだ子供に母親が『おお痛い、おお痛い』って自分が転んだような言葉を出すと、子供がすっと立ち上がったの。ただ元気づけるだけではなく、ともに一緒に泣くっていうことが相手を立ち上げさせることになるんだね。人の悲しみが自分の悲しみとなっている。それが、どんなに大きな力になるかっていうことなんです」

父母の死が教えたもの

松原さんは、三つのときに実の母と別れ、継母と生活していたそう。「けど継母だとは知らなかった。小学校が終わって中学入るとき、試験を受けるために戸籍謄本が必要だった。それを見て、初めて継母と知ったんです。多感な時代でしょう。裏切られたような気持ちになった。生みの母の石塔を抱いて泣きましたね。色んな苦労もしましたけど、不良にはならなかったの。死んだ母が守ってくれた、というのが私の信念です。生みの母の命日が五月二十四日、この日に私は死にたいなって思っているんですよ」

松原さんの父は、松原さんが三十歳の元旦の朝、突然亡くなりました。「元旦だから大変騒がしい。『おめでとうございます』ってお客がきたら何か変だ。今度は、お悔やみを言うっていう大混乱。色んな人にお悔やみを言われると、大きな声で言えないけどうるさくなるんです。ほっといてくれ、一人で泣かしてくれと思ったぐらい。そんな中、私の親友がお通夜の晩からずっと一言も悔やみを言わなかった。私のそばにいて、手が空いていると黙って手を握っているだけ。人間って勝手なもんで、黙っているとまたそれがしゃくにさわる。『お前、悔やみにきたら何とか言ったらいいじゃないかよ』って勝手なことを言ったんです。そしたら、寂しそうに彼が『松原、俺は二年前親父に死なれているんだ。だから、お前の気持ちがよくわかる。言葉に出せば出すほど虚ろになるんじゃないか』って言ってくれたんです。友情っていうのはありがたいなって思いました」

心の中に受信機を持とう

「今の時代は、人の痛みがわかったり、物事に感動したりできる感受性のある人が少なくなってしまった」と松原さんは言います。「私の友達に、曹洞宗のお坊さんの野田大灯っていう人がいます。野田君の所にいろんな人がいろんな相談にくるんですが、その日も警察の人が来て、警察で所長の訓示で『君たち、自分の宿舎からこの警察に来るまで何か感動したことはないか』って言われ『何もありません』って言ったら、『そんな無感動なことで、仕事ができるか』と怒られたらしいんです。野田君は彼らに、『よく見れば、夏の花咲く、垣根かな』という松尾芭蕉の句を教えた。夏の草っていうのは、ペンペン草でお世辞にも綺麗だとは言えないけれど、よく見つめてみれば、無名の花が一生懸命咲いている美しさに気づく。今の人は目立つものしか見ていない。道端の花に感動する余裕がないんですね」

「心の中に受信機を持とう」それが松原さんの持論です。「例えば、物が上から下に落ちてくる。この一つの現象の中に、そこに引力を発見する。誰の前でも落ちるけど、発見したのは一人。真理が惜しみなく与えられているのに、みんな受信機が悪いから流れていく」

「丹精」込めて気長に人生を育てよう

心の受信機をよくするには、「芸術に親しみなさい」と松原さん。「絵でも俳句でも何でもいい。芸術に親しめば感受性が豊かになります」

「『風吹いて、洗濯ものが、手をつなぐ』という子供の可愛らしい句を紹介したら、ある女性から『お恥ずかしいけれど姑と私は仲が悪かった。夫の母親だから大事にしていたけども』という感想があってね。私の想像だけど、洗濯物を干すときに姑さんのは向こうに干して、自分のはあっち、という感じだったんでしょう。それが、風が吹くと姑さんと手をつないだ。濡れているときは、竿にしがみついている。我執があるわけです。その我執がとれれば何のことはない、仲がよくなる。このように、読み手によって、味わう人によって、書いた人以上に作った人以上に感じることができるのが芸術です」

「芸術というのは、できたときは未完成」と松原さん。「できたものを、丹精をしていく。それも自分一代じゃない。先祖からずっと」

「人生は、年月を経て育まれる芸術に似ている」と松原さんは言います。「毎日、いじめられたり、泣いたり、それが丹精で、人生はできている。だから、すぐ感情をむき出しにして、『むかつく』とか『きれた』っていうのでは駄目なんです。明治の人間はそれをやってきたものね。明治の人間の生き方のいいところは、『丹精』だと思っています」

「老いたるは美」を忘れずに

「年をとらないと出ない美しさがある」と松原さん。「ホイットマンという詩人の詩に『老いたるは自信を持ちなさい。老いたるは美だ。年をとって、丹精の美だ。泣いたり苦しんだり、色んなことを経験していて美しい』とあります。また、徳川時代に、偉い僧がいた。十六歳で法華経を読んだほどの人でしたが、四十五歳のときに読んだ方が『これは』と感じるものがあったそうです。年をとって『受信機』がよくなっていたんですね」

「人生は、結局途中で終わるのよ」と松原さん。「宇宙には太刀打ちできない。目的と手段をわけて考えたらダメ。途中でダウンしちゃう。人生途中だ。誰かが私のやっていることを受け継いでくれる。そう考えればいいんじゃないかな」

〈身近な明治生まれの人の言葉〉

今回、本書出版に至ったきっかけであるクラウドファンディングを通じて、さらに三十一人もの身近な明治生まれの方の言葉を集めることができました。

まずはその中から、明治生まれで経営の神様と呼ばれている「松下幸之助」さんの下で、長年、松下政経塾の塾頭をされていた上甲晃《じょうこうあきら》先生のお話をご紹介します。

【32】松下幸之助さん

明治二十七年十一月二十七日和歌山生まれ
（平成元年四月二十七日没・享年九十四歳）

左から松下幸之助氏、上甲晃氏

上甲晃先生が語る松下幸之助の学び

「うしはく」↓力をもってわがものにする治め方。

「しらす」↓慈愛をもって人を幸せにする治め方。

これからは「うしはく」の治め方ではなく、「しらす」の治め方で会社も国も治めていくのが良い。

「松下政経塾」を作ったのは八十四歳のときです。この政治が続けば日本は行き詰まる。だから七十億の私財を投じて日本の将来のために政治を正そうとした気概。やむにやまれぬ想い、気迫、すさまじい想いがあった。

自分の年齢を顧みず立ち向かい立ち上がること。

公のために諮《はか》る心がある、それがかっこいい。

年を取って魅力的なのは私心を捨て公心を持つこと。

松下幸之助が本当に目覚めたのは戦後かもしれない。

毎朝のお参り　松下幸之助が祈っていたこと

松下幸之助はＰＨＰ（Peace and Happiness through Prosperity）活動をするために京都の南禅寺の隣にお庭を買いました。真々庵《しんしんあん》と名付け、そこに「根源の社」というのを伊勢の神宮の内宮の八分の一の大きさで造りました。

そこで毎朝、松下幸之助がお参りをしていました。

あるとき、尋ねてみたんです。

「毎日毎日何を祈っておられるんですか？」と。

すると「二つやな」と答えました。

「まず第一に感謝や。こうして生きていることも、こうして仕事をすることも何もかもがありがたいなという感謝や」

「そしてもう一つは素直や。どうぞとらわれることなく素直にすべてのものを受け入れる広い心を持ちたいものや」と。

あるとき、僕に松下幸之助はこう言いました。

「僕もやっと素直の初段になれた。囲碁でも将棋でも一万回指すとだいたい初段になれる。僕は三十年間三百六十五日毎日欠かさず素直になりたいと祈ってきた。だいたい一万日祈ってきたことになる、やっと素直の初段になったんや」

僕はそこで少し茶々入れて、

「次、二段になる頃にはまた三十年かかりますなぁ。そのうち死んでしまいますなぁ」

と言うと、

「素直の名人は神さんや。神さんはすべてを受け入れる」

松下幸之助は、終始一貫すべてを受け入れることができるようになりたいと願っていました。

僕が「しかし、人間は死にますよね」と言うと、

「死もまた発展や。死は滅びではなくて死は発展や。人間、もし死ななかったら人類は滅びるで。人間だらけになってしまう……」と。

一人の人間が死んでいくというのは切ないし、儚いが落ち葉と一緒で栄養になって新しい若い芽となってまた育っていく。

僕は松下幸之助に「死もまた発展や」と言われたのが生涯忘れられません。

その根本が「素直と感謝」。この二つは人生を生きていくうえでの最大の心構えでしょう。

要するにいつもありがたいなという気持ちを持ち、あらゆることに捕らわれることなく素直になれば良いのです。

だから松下幸之助はこう言った。

「好景気良し、不景気もなお良しやな」

「不景気も受け入れる、すると不景気を活かす経営ができるわけやな」と。

松下幸之助の思想の原点は二つだけ

本質的には松下幸之助の思想の原点は「素直」と「感謝」にあるということなんです。

素直と感謝は「非常に平凡」なこと。でもね、本当のことが分かったんです。

要するにこの身体だってタダですよね。命もタダですよね。空気も太陽も水もみんなタダですよね。それだけでも、こんなありがたいことはないのです。

感謝が根本だと、あぁこうして命をいただけたということに感謝できます。

「感謝」というのは深い言葉だと思います。人間存在の根本。人体ほど精巧に出来ているマシーンは存在しない。神様の創造物であり、これはご神体やと。

決して粗末に扱ってはいけない。すべてありがたいなぁ～となる。

第二次世界大戦の時は神風が吹かなかったという人がいる。

松下幸之助は「僕は神風が吹いたと思うんや」と言った。

多くの人は神風が吹かなかった、だから戦争に負けたと言っていた。

でも松下幸之助は「分不相応な戦争をしている、だから早くこんな戦争は辞めてしまえという神風が吹いた。でなければもっと突っ込んでいって今頃日本はなくなっていたかもしれない」と。こういう捉え方をしていた。

【33】叶田いとゑさん…明治四十二年一月十八日

ありがとう、そうやネェ～ありがとう……と言い続け、どんな時にも良い所を見つめてほほえみの中にもいつも凛とした本当にかわいい白い割烹着のいとゑおばあちゃんでした。

【34】橋野鶴子さん…明治三十六年四月二十一日

自分がするときはさりげなく、してもらったときは大げさに喜び、なおかつ気品のあるお婆ちゃんでした。

【35】伊藤ナツコさん…明治四十五年五月三十日

面倒見が良く、賢く、そして愛情深かったお婆ちゃん。孫三十一人、ひ孫三十一人、玄孫十三人。血縁だけでも合計七十五人。その家族を入れると三百人ほどを見守り、今でも心の支えになってくれています。

【36】武者小路実篤さん…明治十八年五月十二日

「まず自分をつくりなさい。その後で人に役立つときが来ます」

【37】鈴木民三さん…明治三十七年八月十日

「感謝＝根を育てる」「感動＝幹を育てる」「喜び＝枝葉を伸ばす」

【38】鈴木けさいさん…明治四十三年十二月十二日
麦踏み。強く踏まれた麦は根付く、大地に根を張るために強く踏むことが大事。

【39】水本きみさん…明治四十年六月十二日
十男一女に恵まれ、先祖さんに感謝し、些細な事にもおおきにはばかりさんと言ってくれる優しく働き者の祖母。

【40】小山喜之助さん…明治三十七年八月二九日
お相撲と時代劇のテレビが大好きで、孫の面倒をよくみていた。気さくでユーモアがあった祖父。

【41】水本繁松さん…明治三十六年十月十四日
農家に生まれ、あとを継ぎ大家族を支える働き者、厳格で物静か怖いイメージがあったようですが、優しい所がある祖父でした。

【42】小山た祢さん…明治二十年三月十三日
子供、孫には厳しく躾、しっかりした大人になる、他人に迷惑を掛けない、といつも着物を綺麗に着こなしていた渋い曾祖母。

【43】田淵鶴恵さん…明治四十二年十一月九日

優しい曾祖母の口癖。人様にありがとう。感謝感謝です。物でも何でも、手に持ったものは元の場所か、より良い場所へ収めなさい。

【44】山田きりさん…明治二十六年一月三日

もったいない……物を大切に……。布切れを捨てるのももったいない。穴の修復ができる。

【45】佐久間二郎さん…明治三十一年十一月

無口な祖父の教え「自分にとって価値のある物を正当な対価を支払って手に入れることが物と人を大切にすることなんだよ」

【46】田淵竹治さん…明治四十一年七月四日

自分より弱い者は可愛がって助けること。強い者には立ち向かって、何ごとも前向きに頑張りなさい。

【47】澤登初義さん…明治四十年

両親、兄弟、友達、先輩、そして自然……それらがあって自分は生かされている。「ありがたい」「感謝」という言葉をいつも発していた。

【48】澤登あいのさん…明治四十三年
何かあると「ありがたいね」「嬉しいね」「感謝感謝」と物事を肯定的に捉えていた。

【49】田中ムラさん…明治二十七年三月十五日
「金は銀行にある、欲しけりゃ取って来い！　働いて！」「夏は木陰、寒中はコタツ、起きて働くアホもある」

【50】芝テルさん…明治二十年
人への親切はたとえ自分に返って来なくても祖先に返ってくる。

【51】西原進さん…明治四十四年八月二十三日
「百円もらえば五十円残せ。明日からのことも考え使いなさい」「女は注意。浮いた心は痛い目をみる」「何でも我慢。我慢することで様々な壁を乗り越えられる」

【52】梅坪アサ子さん…明治四十三年
可愛い子には旅をさせろ。石橋を叩いて渡る。ふんどし質に入れても義理かくな。泥棒来てから縄ないは遅い。仕事は何でも先に進むこと。

【53】村瀬實《みのる》さん…明治三十八年三月八日
人に迷惑をかけてはいけない。自分で何でもしなさい。

【54】深沢健一さん…明治四十一年三月三日

悪口を言うな。商人には倍になって返ってくる。絶えず笑顔で朗らかに接しろ。いつも健康でいられるのはおしゃれである。

【55】岩間日勇さん…明治四十二年三月二十一日

何事も熱心に努力します。むさぼりと怒りとそねみの心をつつしみます。

【56】中村ひでさん…明治四十一年六月六日

（知らない人にであっても）人にした親切や施しはいつか自分に戻ってくる。

【57】石川武さん…明治四十一年二月二十五日

人や物はしっくりと収まるところが必ずあるものなのだ。これを見つけるのが一番大切なのだ。いつも上を見て頑張るのも人生だが、頑張らなくても良い人生もあるぞ。

【58】石川いよのさん…明治十七年

この家の縁の下の蜘蛛の巣もお前のものだからな（家を継いで行くことが最も大切に思われている時代）。

【59】高橋新次治さん…明治二十六年

金鎚の頭で傷の周りを撫でれば化膿しない（おまじない）。

【60】鍵山可奈ゑさん…明治三十年

母親はひと言でいうと忍耐の人で、何があっても全部を受け入れていた。とても貧しい中でも、隅から隅まで綺麗にしていて、貧しくはあったが惨めではなかった。（鍵山秀三郎）

【61】岡村京さん…明治四十年

伯母は私の青年期まで、不思議なほど「無償の愛」で育ててくれました。そして私の人生に「愛」と「情」を授かりました。（松岡浩）

【62】津曲《つまがり》ノブさん…明治三十四年

人に好かれろ・一生懸命働け・女の人を大切にしろ。（津曲孝）

あとがき

まずは今回、私の長年の夢でもあった本書の出版という機会をいただきましたこと、クラウドファンディングのレディーフォー様を通じてご支援をいただけましたこと、紙面をお借りしまして改めて深く感謝いたします。

本当にありがとうございました。


今回、この書籍を出版するにあたり私には二つの願いが有ります。

一つには、今の時代を生きている人達に、自分自身のルーツであるおじいちゃんやおばあちゃん、曽祖父母の生きてきた時代の話、昔ばなしをたくさん聞いてみてほしいのです。

偉い人の話を聞きに行く前に、著名人の本を読む前に、すぐ傍にいる一番身近な存在であるあなた自身のご家族の例えば最高齢の方のお話を聞きに行ってみて欲しいのです。

知らなかったこと、初めて聞いて驚くような話が飛び出すかもしれません。

そして話すことでお互いに元気になれたり、笑顔になれたり、心が温まったりするかもしれません。

そんな家族の心と心が温かい気持ちになれるような時間を作ってみて欲しいのです。

もう一つには、人が人生を生きていくうえで万人の望みである「幸せになりたい」。

そこに一番早く一番シンプルなカタチで到達するための方法を明治の人が教えてくださる気がします。書籍の中にとても分かり易い言葉でそれが、心にしみこんできますから。

読み終わった後に「すごいなーっ」とただただ感心したり、なんだか心が温かくなったような気がしたり、生きていく元気や勇気を貰えたり……。

「人として」の上等な生き方が明治の人の生き方にあるように思うのです。

時代は目まぐるしいスピードで進んでいます。

だからこそ取材してきた明治の人の言葉を、古き良き時代の日本の宝として後世に末永く伝え残したい。

「人として大切なもの」の落とし物に気付けるよう……。

明治の人は、約一世紀＝百年を生きてきて、人生で一番嬉しかったことは「家族がいること」、一番悲しかったことは「戦争」とほとんどの方が話されました。

人としてとても平凡なことを一番の幸せと話せる。お金持ちになったとか大きな家に住めたとか、ただの一人もおっしゃいません。

家族ができて一緒に仲良く平凡に暮らせたことが一番の幸せで、避けようのなかった戦争を国難の時代と受け入れ、大切な家族を失い、食べるにも困り、それが一番辛かったと仰います。


そんな時代をたくましくも凛として、すべてを感謝に変えて受け入れ生きてこられた明治生まれの人々。朝から晩まで一生懸命ただひたすらに働いて働いて、自分の与えられた人生を受け入れて生き抜いてこられた。明治の人の顔に刻まれた皺からは、いぶし銀の様な素敵な輝きを感じ得ました。


戦争に四回も行った人、生まれてすぐに間引かれそうになった人、裕福な人、そうではない人、著名な人、一般の人。

すべての人生に優劣はなく素晴らしい、すべての人生には価値がある。

最後になりましたが、取材にご協力いただきました明治生まれの皆さま、そのご家族、取材活動にご協力いただきました方、編集、出版に協力いただだいた方、そしてクラウドファンディングでご支援いただきました皆様に心から感謝申し上げます。
本当にありがとうございました。

この書籍を私の亡き祖母、林たねに捧げたいと思います。
天国のおばあちゃん、いつも見守っていてくれてありがとうございます。
本が出版出来たのは、おばあちゃんのおかげです。

感謝。

平成二十九年十一月二十四日

【クラウドファンディング支援者】（五十音順、敬称略）
浅井慎吾／新谷健司／上平梅子／オフィスひろかずま／加野賢太／川村節子
関西美術印刷株式会社／橘川亜紀／広瀬文夫／白波瀬文吾／中川千都子
橋野昌幸／林秀宣／藤田修嗣／山崎紀文／山田元康／山野泰照／吉浦裕二

【取材協力】（五十音順、敬称略）
伊藤舞、井本潮、山王かおり、藤本美郷、松本とし子、満田和美

【編集協力】
高阪美貴、伊藤舞（書文字）、パレードブックス森美貴恵

明治の人
明治・大正・昭和・平成・四つの時代を生きた人達から学ぶ人生を上手く生きるコツ

2018年3月16日　第1刷発行

著　者　林《はやし》さゆり

発行者　太田宏司郎
発行所　株式会社パレード
大阪本社　〒530-0043　大阪府大阪市北区天満2-7-12
TEL 06-6351-0740　FAX 06-6356-8129
東京支社　〒150-0021　東京都渋谷区恵比寿西1-19-6-6F
TEL 03-5456-9677　FAX 03-5456-9678
http://books.parade.co.jp
発売所　株式会社星雲社
〒112-0005　東京都文京区水道1-3-30
TEL 03-3868-3275　FAX 03-3868-6588
装　幀　中道陽平（PARADE Inc.）
印刷所　中央精版印刷株式会社

ISBN 978-4-434-24357-8　C0095